# Juxtapunerea Organismelor

De Narcis Marincat

©2015 Narcis Marincat, All Rights Reserved

# Introducere

După o călătorie interesantă, plină de evenimente neașteptate, un aventurier găsește în final un palat plin de bogății. Sunt giuvaere de tot felul, aur, argint, safir, sunt materiale scumpe, instrumente de diferite forme și mărimi pe care nu le-a mai văzut. Dar are nevoie de ajutor să aducă toate aceste comori înapoi în pământul său de baștină, așa că țintește înspre ajutorul regelui. E conștient de faptul că regele este un om ocupat, și că singura lui șansă este să aducă regelui ceva ce-i va capta atenția in timpul scurt pe care aventurierul nostru îl va avea la dispoziție de-al lungul audienței cu personalitatea roială.

Aventurierul nu are cu ce să care obiecte mari, și știe că drumul său înapoi acasă va fi lung, așa că scrutează palatul după ceva mic, ceva care încape intr-un buzunar, ceva ce distilează toata bogăția pe care a găsit-o, care o poate reprezenta.

Această carte este ceea ce a găsit, și tu, audiența, ești regele.

Titlul și subtitlurile cărții dezvăluie multe despre subiectul ei. Spus simplu, această lucrare caută să suprapună societatea umană cu corpul uman, trasând conturul unui limbaj care e aplicabil mașinațiilor interioare ale amândurora, și analizează conștiența, moralitatea, si biologia din acea perspectivă. Compunerea ei a venit ca răspuns la afirmația că prima mea carte, In Principio Res, a fost scrisă într-o formă mult prea complicată, și că în ciuda faptului că ideile din ea sunt "foarte interesante", ele sunt înțelese mult mai ușor prin conversațiile pe care le-am avut cu diferiți oameni pe aceste subiecte.

Cartea este formată din două părți. Prima parte discută ideile principale expuse in In Principio Res intr-un ton ușor, conversațional, pentru a picta ideile discutate cât mai clar posibil. Deși face uneori referință la In Principio Res, această parte a cărții este de fapt sine stătătoare, și deci nu este nevoie să se studieze In Principio Res pentru a fie înțelese ideile discutate aici. Referințele făcute înspre In Principio Res sunt în realitate o unealtă de sprijin pentru susținerea tonului conversațional folosit, și in același timp trădează diferitele discuții pe care le-am avut despre carte ca și sursa ei de inspirație. A doua parte este compusă dintr-o serie de lucrări cu titluri sugestive, scrise cu scopul de a merge direct la esența fiecărui subiect principal adresat. Cele două părți ale cărții sunt făcute să fie complementare. Adică unele puncte atinse in prima parte a cărții s-ar putea să nu fie in a doua parte, și viceversa.

Tu decizi dacă această carte strălucește destul de puternic pentru a justifica întoarcerea la castel.

# Partea Întâi: Explicația

## Capitolul I. Celulele

In Principio Res pornește cu ideea ca celulele sunt niște entități foarte complexe. Pentru mult timp, s-a considerat că celulele sunt viețăți simple, ca niște fabrici moleculare care operează urmând reguli previzibile. Dar odată cu îmbunătățirea microscoapelor, tehnicilor de vizualizare a celulelor, și a modurilor de înregistrare a activităților celulare, celulele s-au arătat tot mai mult ca fiind entități complicate, capabile de acțiuni unice care pot fi uneori foarte neașteptate.

Cartea pune accent pe celulele nervoase, care chiar au o istorie interesantă. Țesutul nervos este cunoscut pentru cât e de greu de analizat in laborator datorită faptului că este foarte sensibil, așa că pentru mult timp - până in ultimul deceniu al secolului 19 - nu se putea analiza structura microscopică a creierului fără a o distruge în timpul preparației. A fost unul din motivele principale pentru care s-a putut considera până in acea perioadă că, în contrast cu celelalte tipuri de țesut din corp care erau formate din celule individuale, creierul era de fapt o rețea continuă care era legată - nu erau celule independente în ea. Asta s-a schimbat când noi tehnici de colorare a celulelor nervoase au fost introduse după 1890 cu ajutorul cărora oamenii au putut analiza microstructura țestului nervos din creier fără a-l deteriora, și astfel s-a putut vedea că erau de fapt mici goluri care separă o celulă nervoasă de cealaltă, goluri care acum se numesc fante sinaptice.

Cu toate acestea, la început se considera că tipurile de celule nervoase ce există in creier sunt atât de puține, încât pot fi numărate pe degetele de la o mână. Dar cu cât microscoapele folosite au fost îmbunătățite, acel număr a continuat să crească până când astăzi se estimează că sunt intre 800 si 1000 de diferite tipuri de neuroni, si e probabil că în timp ce vor continua să fie perfecționate dispozitivele de înregistrare a activităților celulare din creierul viu, acest număr va continua sa fie mărit.

În același timp, pentru o bună parte din secolul 20 s-a considerat că conexiunile dintre neuroni - sinapsele - se fixează in mare parte in timpul adolescenței, si că numai grosimea acestor conexiuni se schimba odată cu memorarea sau învațarea. Dar odată cu introducerea unor noi tipuri de microscoape la începutul anilor 1990, ca de exemplu microscopia cu doi fotoni, oamenii de știință au putut începe sa înregistreze activitatea individuală a celulelor nervoase din creierul viu in anumite condiții, si ce au descoperit in ultimele două decenii este faptul că celulele nervoase sunt foarte dinamice, in sensul ca ele pot forma noi conexiuni intre ele, pot termina cele care au fost deja stabilite, pot comunica unele cu celelalte in diferite moduri, pot pasa intre ele mesageri chimicali nu numai la sinapse, și motivul pentru care aleg care mesageri chimicali sa transmită sunt foarte complicate, și-așa mai departe. Deci cu alte cuvinte, au descoperit ca celulele nervoase nu sunt aceste obiecte mecanice, ci mai degrabă sunt entități unice, independente, imprevizibile - și de fapt, cartea discută cum asta este valabil pentru toate celulele, nu numai pentru celulele din creier, la care se aplică unele din aceste tehnici de vizualizare ale activităților celulare și care de asemenea s-au arătat ca fiind surprinzător de dinamice.

Apoi cartea discută diferențele in mărime si viteză dintre oameni și celule. Indică faptul că dacă celulele sunt mici și se mișcă foarte rapid din perspectiva noastră, a oamenilor - de exemplu, o celulă nervoasă tipică transmite mai mult de 100 de impulsuri nervoase celulelor sale vecine in fiecare secundă - deci dacă ele sunt mici și se mișcă foarte rapid din perspectiva noastră, nu înseamnă ca celulele sunt mici sau ca se mișcă foarte rapid din "perspectiva" lor - daca ar fi să o numim "perspectivă". Adică, dacă celulele pot procesa informație, și faptul că sunt capabile de activități unice arată faptul că pot, atunci să numim rezultatul acelei procesări de informație "perspectiva" lor individuală. Și din perspectiva lor, mărimea unei celule este mărimea normală, si viteza de acționare a unei celule nu este foarte rapidă, este viteza normală. Pentru a face toate acestea mai ușor de înțeles, este introdus un experiment de gândire.

Imaginează-ți, spune cartea, că un grup de extratereștrii sunt intr-o călătorie de explorare prin galaxii, când, apropiindu-se de sistemul nostru solar, naveta lor spațială le indică faptul că o fluorescență ciudată este emanată de suprafața planetei noastre. Drept urmare, extratereștrii decid sa arunce o privire mai de aproape și să investigheze fenomenul. Acum, aceștia nu sunt orice fel de extratereștrii, nu sunt extratereștrii normali - sunt extrem de mari. Atâta de mari de fapt, încât fiecare dintre ei este comparabil in mărime cu planeta noastră. Nu numai asta, dar imaginează-ți că odată cu aceasta diferență in mărime există și o diferență in viteză, in sensul că un an din perspectiva noastră umană este echivalentul unei zile ca și timp pentru ei. În final, acești extratereștrii ajung in vecinătatea Pământului, folosesc un instrument ce seamănă cu un endoscop numai că incredibil de mare, îl trec prin atmosfera noastră înnorată, și ce descoperă? Ei realizează că un organism crește pe suprafața acestei planete, și că deși ei au crezut inițial ca e o fluorescență, ce a surprins naveta lor spațială este de fapt un tip de bioluminescență emanată de acest organism.

Organismul pe care ei l-ar vedea e desigur, societatea umană. Acum ar fi un moment bun sa notăm faptul că acești extratereștrii ar fi de o natură complet diferită de noi, si că asta-i prima oară cand văd așa ceva in toata istoria lor de călătorii spațiale. N-au mai descoperit nimic ca și societatea noastră umană de când se știu ei. Bun, acum încearcă să te pui in locul extratereștrilor. Cum ar vedea ei, fiind așa de mari și așa de înceți, societatea umană? Păi, ar vedea-o ca un tot...ca un fel de ciupercă, un mușchi întins de-al lungul suprafeței planetei noastre. Și chiar dacă s-ar uita la societatea umană, ei n-ar putea sa vadă oamenii, pentru că din cauza mărimii lor oamenii ar fi de o mărime microscopică.

Dar să zicem ca acești extratereștrii sunt forme de viață științific orientate, așa că ce fac in continuare este să folosească microscoape extraterestre cu scopul de a analiza intr-un mod neinvaziv structura microscopică a acestui organism ce crește pe suprafața planetei, și ce descoperă este ca acest organism are o entitate fundamentală din punct de vedere structural și funcțional - omul. Ei ajung la concluzia că acest organism este compus din oameni, care sunt responsabili de tot, de la buna-funcționare a metabolismului acestui organism, la creșterea sa (adică, atunci când oamenii cresc in număr, mărimea acestui organism crește.). Deci, perspectiva acestor extratereștrii de știință in relație cu societatea umană nu este departe de perspectiva oamenilor in relație cu persoanele din jurul lor. De exemplu, când tu te uiți la mine mă vezi ca o singură entitate, un organism, deși tu știi că corpul meu este format din nenumărate celule. Atunci când vorbesc sau mă mișc, tu o interpretezi ca fiind "eu" cel care vorbește sau se mișcă, când de fapt este rezultatul celulelor care-mi formează corpul cooperând in număr mare unele cu celelalte.

In același timp, extratereștrii de știință și-ar forma o părere foarte simplistă despre oameni, bazată pe informațiile limitate pe care instrumentele lor științifice le-ar putea înregistra din activitatea umană. De exemplu, vocalizarea umană este o formă de comunicare unică nivelului nostru de magnitude - imaginează-ți ce ciudat ar părea pentru extratereștrii de știință faptul că noi putem comunica unii cu ceilalți prin transmiterea valurilor de aer de diferite frecvențe intre noi. In spațiu nu este aer, deci pentru ei acesta ar fi un concept cu totul nou. Asta înseamnă că e foarte probabil ca instrumentele lor de știință să nu fie echipate cu un microfon care ar putea capta aceste "valuri de aer", pentru că ei nu ar avea conceptul unui microfon - dar chiar daca ar fi echipați cu unul, din cauza diferenței in mărime si viteză dintre noi și ei, un întreg monolog uman ar dispărea pentru ei intr-o fracțiune de secundă, și deci l-ar interpreta ca un bip...un impuls, și nu l-ar vedea ca și discursul complex care este. Nu, ce ar putea ei să facă este să formuleze teorii legate de oameni bazate pe imaginea in ansamblu: De exemplu, ar putea sa ajungă la concluzia că după naștere, un om asimilează activitățile generale ale oamenilor din jurul său, pentru ca microscoapele lor i-ar permite să vadă ca dacă un om se naște intr-o zonă a societății umane in care majoritatea oamenilor conduc mașini, e mare probabilitatea că și acel om va ajunge să conducă o mașină. Sau dacă un om s-a născut intr-o zonă a societății umane in care majoritatea oamenilor procură mâncare din ceea ce par a fi niște centre mari centre de nutriție - supermarketuri - e mare probabilitatea că și acel om va face la fel.

Deci pe scurt, din cauza diferenței in mărime si viteză dintre noi și ei, și in același timp din cauza limitațiilor pe care le au instrumentele lor științifice, extratereștrii de știință ar avea o părere foarte simplistă despre oameni, și simplu spus, pentru ei ar fi natural să privească societatea umană ca și un tot unitar, și să interpreteze orice eveniment legat de societatea umană pornind din această perspectivă. Dacă de exemplu extratereștrii de știință ar pune în mișcare un experiment în care ar trimite un asteroid înspre Terra să vadă ce se întâmplă, și o rachetă ar zbura dintr-o oarecare parte a societății umane înspre asteroid, neutralizându-l, ei ar interpreta lansarea rachetei ca și acțiunea societății umane, nu rezultatul a nenumăratelor acțiuni întreprinse de oameni din societatea umană - ar fi natural pentru ei, din perspectiva lor, sa interpreteze lucrurile astfel, la fel cum este natural pentru tine sa interpretezi vorbitul meu ca și acțiunea mea, și nu rezultatul nenumăratelor celule din corpul meu cooperând una cu cealaltă pentru a da naștere acestor vorbe.

Urmărind acest fir logic, este foarte probabil ca părerea noastră simplistă despre celule să fie rezultatul diferenței în mărime și viteză dintre noi și ele, și in același timp a informațiilor limitate pe care instrumentele noastre științifice le pot capta din activitatea in timp real a celulelor individuale, o teorie care este susținută de faptul că cu fiecare îmbunătățire in design-ul microscoapelor, a colorării celulare sau a modurilor de înregistrare a activității celulare, complexitatea celulelor nervoase așa cum le vedem noi au crescut, nu au rămas la fel sau scăzut.

# Capitolul II. Conștienţa

Apoi în carte se pune întrebarea: Ce e conștienţa umană? Definiția tradițională a gândurilor e ca ele sunt tipare electrochimice ce se nasc din activitatea celulelor nervoase, dar deși nu neapărat greșită, ea nu spune mare lucru despre cum activitatea celulelor nervoase individuale se traduc in conștienţa. Dar acum noi susținem că 1. celulele sunt entități independente, imprevizibile, autonome capabile de activități unice și 2. că exista o diferența in mărime și viteză intre oameni și celule individuale care ne face să credem că celulele se mișcă foarte rapid și că activitățile lor sunt destul de simple, când de fapt din perspectiva lor, ele se mișcă normal, și se poate vedea ca mențin activități complexe.

Și-atunci, cartea formulează următoarea ipoteză: Este conștiența umană de fapt formată din elemente sintetizate de către celule si rețele de celule nervoase pe care ele se concentrează in mod colectiv? Ideea e in felul următor: Gândește-te la cărți, filme, melodii in societatea umană. Oamenii sintetizează - acesta este termenul tehnic folosit in carte, care înseamnă de fapt "creează" - deci oamenii sintetizează tot felul de elemente - cărți, filme, tot felul. Unele dintre aceste elemente sunt sintetizate de către un singur om, ca și o carte de exemplu, în timp ce altele sunt sintetizate de către grupuri de oameni, ca un film, unde e nevoie de obicei de un studio de filme plin de oameni care sunt implicați in crearea lui. Și unele dintre aceste elemente au calitățile necesare să devină foarte populare in societatea umană - definiția tehnică din carte este că ele atrag atenția colectivă a oamenilor. Gândește-te la o carte foarte cunoscută care a fost citită de foarte mulți oameni, sau un film popular pe care multă lume l-a văzut. Acum, In Principio Res dezvoltă teoria că în mare, cam același lucru se întâmplă în creierul unui om, ca al meu sau al tău. Adică, celulele și rețelele de celule nervoase sintetizează diferite elemente - ca de exemplu gânduri, imagini, sentimente, senzații corporale - elemente care desigur, sunt specifice nivelului de magnitude al celulelor. Și unele dintre aceste elemente au calitățile necesare să atragă atenția colectivă a celulelor și rețelelor de celule nervoase - adică, să devină foarte populare in sistemul tău nervos - şi acestea sunt gândurile tale conştiente.

O caracteristică comună a tuturor acestor elemente este că esenţa lor se găseşte in informaţia pe care o conţin, spre deosebire de materialul de care sunt purtate - o carte de exemplu poate fi scrisă pe hârtie sau poate fi citită pe calculator, deşi e aceeaşi carte - dar in afară de asta, aşa cum am menţionat, elementele care se ridică in conştientul tău sunt specifice nivelului de magnitude celular, în timp ce elementele sintetizate de către oameni sunt specifice nivelului nostru.

Acum, pentru tine, timpul necesar pentru ca un gând să fie sintetizat de către celulele tale poate să pară instant - de exemplu, atunci când te gândeşti la o problemă pe care o ai, o soluţie s-ar putea să-ţi apară in conştient numai la câteva momente după, şi deci pare că nu este timp pentru ca celule individuale să participe in mod activ la sintetizarea acestor gânduri. Dar timpul poate să se mişte mult mai încet din perspective unei celule sau a unei reţele de celule. E o situaţie similară cu cea in care procesul de sintetizare a unui film de către un studio de filme poate părea că ia mult timp din perspectiva umană, dar atunci când e privit din perspectiva extratereştrilor de ştiinţă, ar deveni o perioadă de timp mult mai scurtă.

Bun atunci, ce dovezi există pentru această teorie a conştienţei - că conştienţa umană este formată din elemente sintetizate de către celule şi reţele de celule, şi pentru asemănarea conştienţei umane cu atenţia colectivă a oamenilor? Sunt variate dovezi.

De exemplu, ce se întâmplă când oamenii se concentrează in mod colectiv pe un element câţiva din ei au sintetizat - adică, atunci când un element a devenit foarte popular? Să luăm un exemplu: M*A*S*H. Ai auzit de M*A*S*H, nu? La început, a fost o carte care a apărut cu acest titlu. Cartea nu a fost foarte cunoscută, dar a inspirat crearea filmului M*A*S*H in 1970, care a devenit un mare succes cu 5 nominalizări la Oscar. Pentru că a fost așa un mare succes, filmul, care atrase atenția colectivă a oamenilor, a inspirat articole de știri, artă creată de fanii filmului gen desene, și-așa mai departe, inclusiv seria TV cu același nume, care la rândul ei a avut calitățile necesare să atragă atenția colectivă a oamenilor, de fapt ea a devenit mai populară decât filmul.

Deci, o analiză foarte generală a acestui proces este că filmul M*A*S*H s-a ridicat in atenția colectivă a oamenilor, inspirând sintetizarea de numeroase elemente legate de film de către oameni ce se găsesc in societatea umană, și dintre toate aceste elemente înrudite seria TV a avut la rândul ei calitățile necesare să atragă atenția colectivă a oamenilor. Și cam asta se întâmplă și în creier - de exemplu, tu acum îmi asculți cuvintele în timp ce vorbesc, lucru care in această teorie înseamnă că celulele tale se concentrează în mod colectiv asupra acestor cuvinte - sunt populare in sistemul tău nervos. Și ce se întâmplă este că în timp ce asculți, descoperi diferite elemente înrudite cu aceste cuvinte făcându-și apariția in conștientul tău - gânduri legate de ce zic, imagini care te ajută să vizualizezi ce zic, poate chiar și sentimente - și în această teorie a conștientului, toate acestea sunt elemente pe care celulele tale și rețelele tale de celule le-au sintetizat, și care au atras atenția lor colectivă în timp ce s-au concentrat în mod colectiv asupra cuvintelor ce-mi ies din gură - adică, în timp ce tu te concentrezi asupra cuvintelor mele. În același timp, mai există și elemente pe care celulele tale și rețelele tale de celule le sintetizează in timp ce-mi asculți cuvintele care nu au calitățile necesare să atragă atenția lor colectivă, și aceste elemente fac parte din subconștientul tău - la fel cum unele lucruri pe care oamenii le-au sintetizat ca urmare a faptului că filmul M*A*S*H a devenit foarte popular, ca de exemplu articole de știri, sau recenzii, nu au avut calitățile necesare să atragă atenția colectivă a oamenilor, adică să devină cunoscute, spre deosebire de seria TV.

Deci, in termeni generali, atunci când atenția colectivă oamenilor a fost îndreptată înspre filmul M*A*S*H, numeroase elemente legate de el au fost sintetizate, și unele dintre ele au avut calitățile necesare ca la rândul lor să atragă atenția colectivă a oamenilor - seria TV M*A*S*H fiind un bun exemplu, și un lucru similar se întâmplă in sistemul tău nervos. Atunci când celulele tale și rețelele tale de celule se concentrează în mod colectiv înspre ceva, cum ar fi ce spun eu acum, numeroase elemente care sunt legate de acel ceva sunt sintetizate, și câteva dintre ele au calitățile necesare să atragă la rândul lor atenția lor colectivă - cum ar fi gândurile, vizualizările, și sentimentele legate de ce zic care apar în conștientul tău acum. Apoi, acele gânduri, și vizualizări și sentimente trec prin același proces, la fel și următoarele elemente populare pe care celule tale și rețelele tale de celule le sintetizează, și-așa mai departe...și uite așa se naște raul continuu de gânduri din mintea ta. Și orice elemente sintetizate care nu atrag atenția colectivă a celulelor tale și rețelelor tale de celule sunt parte din subconștientul tău.

Altă dovadă simplă pentru relația dintre atenția colectivă a oamenilor și conștiența umană, și deci pentru validitatea teoriei conștienței umane propusă aici e cât de similar este procesul prin care noi, populația generală de oameni, ajungem să vedem spațiul cosmic prin observatoare și telescoape cu modul in care fiecare din noi ne vedem mediul înconjurător cu ajutorul ochilor. Știi probabil că ceea ce percepi conștient ca văz nu este seria de imagini crude captate de ochii tăi. Dacă ar fi să vezi imaginile care trec prin ochii tăi direct cum celulele din ochi le captează, ai percepe o serie de imagini difuze care se mișcă constant din cauza micromișcărilor ochilor, cu o pată oarbă undeva in partea de sus a imaginii fiecărui ochi unde nervul optic se conectează cu retina pentru că acolo nu sunt celule retinale, cu culoare mai mult in mijlocul văzului si alb-negru in jur, cu vase de sânge care stau in calea imaginii...Cu alte cuvinte, nu ar fi lumea clară, în întregime color, continuă pe care o percepi conștient de fapt. In realitate, imaginea crudă interceptată de ochii tăi servesc ca inspirație pentru celulele și rețelele de celule din creierul tău care sunt specializate in a le procesa...Celule care, inspirate de acea imagine crudă, sintetizează elemente care devin experiența vizuală bogată pe care o percepi conștient acum.

Acest proces nu este foarte diferit de procesul prin care imaginile frumos colorate ale spațiului cosmic pe care noi oamenii le pasăm intre noi in mod normal, care devin foarte populare in societatea umană nu sunt imaginile crude captate de către observatoarele și telescoapele din toată lumea, ci versiunea rafinată a acestor imagini.

Telescoape ca și Hubble de exemplu fac câteva poze alb-negru folosind diferite filtre pentru a capta diferite lungimi de undă, în mod normal 3-4. Apoi, un astronom sau o echipă de astronomi combină toate aceste poze printr-un anumit proces. Încep prin a delega fiecărei poze alb-negru o culoare - de exemplu, se selectează o imagine și se face albastră, se selectează alta și se face verde, și alta roșie. Ca o regulă generală, cei care sunt specializați in acest domeniu caută să delegheze culoarea roșie imaginii care au cele mai mari lungi de undă a luminii, și albastru celei care au cele mai scurte lungimi de undă pentru a reflecta relația dintre culorile spectrumului vizibil al luminii.

După asta, pozele sunt suprapuse, una peste cealaltă, pentru a produce o poză color, intr-un mod nu foarte diferit de procesul prin care televizoarele si monitoarele de calculator creează imagini color. În final, imaginile color au orice erori corectate, sunt decupate, și li se ajustează orientarea pentru a da cel mai bun efect; Video-uri ce au ca temă spațiul sunt de obicei creații artistice inspirate de asemenea poze. O declarație NASA sumarizează inteligent tot acest proces, spunând că "Crearea imaginilor color din acele imagini originale alb-negru este in mod egal artă și știință."

Deci, atât în cazul oamenilor in general, cât și în cazul populației generale de celule nervoase și rețele de celule din corpul tău, imaginea mediului înconjurător pe care ele o primesc nu este cea crudă captată de "organele de simț" ale organismului din care ele fac parte - ochi în cazul celulelor, observatoare și telescoape în cazul oamenilor - ci elementele sintetizate de către unele unități de bază ale acestui organism care sunt specializate in rafinarea acelor imagini - celulele și rețelele de celule din cortexul vizual in cazul celulelor, astronomi și alții in cazul oamenilor.

Relația dintre M*A*S*H și gânduri, și relația dintre ochi și observatoare de care am vorbit sunt doar două exemple care indică asemănările dintre conștiența umană și atenția colectivă a oamenilor, două dovezi care arată că putem considera conștiența umană ca fiind elementele sintetizate de către celule și rețele de celule pe care ele se concentrează în mod colectiv, cam ca și filmele, melodiile, cărțile care devin foarte cunoscute în societatea umană. Sunt și alte exemple, alte dovezi, și poate ajungem la câteva dintre ele mai târziu.

Dar oricum, de aici cartea începe sa intre in subiectul moralității.

# Capitolul III. Moralitatea

Deci, ceea ce-am văzut până acum este că tu ca om poți fi văzut ca o unitate de bază în societatea umană, la fel cum celulele sunt unități de bază în corpul tău. În același timp, există un număr de asemănări între conștiența umană și atenția colectivă a oamenilor care oferă credibilitate teoriei ce spune că conștiența umană este compusă din elementele sintetizate de către celulele și rețelele de celule nervoase care atrag atenția lor colectivă (sentimente, senzații, idei, imagini, etc.), într-un mod nu foarte diferit de felul în care oamenii și rețelele de oameni sintetizează elemente în societatea umană, ca de exemplu cărți, filme și melodii, și unele dintre ele devin foarte populare.

Acum, direcția in care fiecare om își îndreaptă conștientul este important în mai multe feluri pentru acel om, și fiecare dintre noi știm asta intuitiv. De aceea, de exemplu, dacă vrei să rezolvi o problemă pe care ai întâmpinat-o te concentrezi asupra ei, pentru că știi că acesta-i modul prin care s-ar putea să descoperi o soluție. Din perspectiva teoriei conștientului introdusă în această carte - care, apropo, se numește teoria cunoașterii-împreună a conștienței - din perspectiva acestei teorii, importanța direcției in care te concentrezi în mod conștient se găsește în acest caz în faptul că celulele tale rețelele tale de celule sintetizează elemente legate de orice lucru înspre care tu-ți îndrepți atenția, fie că-i un gând, o problemă sau un banc. De aceea, ca să ne întoarcem la exemplul dat, dacă vrei să găsești o soluție la vreo problemă, te concentrezi asupra ei - pentru că celulele și rețelele de celule nervoase din sistemul tău nervos vor sintetiza elemente variate legate de acea problemă, și unele dintre ele vor fi soluții care ar putea atrage atenția lor colectivă și deci să-și facă apariția în conștientul tău, ceea ce ar duce în final la rezolvarea problemei.

Dar oare atenția colectivă a oamenilor are o la fel de mare importanță pentru societatea umană? Spus diferit - Este importantă direcția înspre care noi, ca oameni, ne concentrăm atenția în mod colectiv? Păi da, desigur că este, în mai multe feluri, pentru că lucrurile care au o foarte mare popularitate în societatea umană sunt finanțate - oculus rift, aparatul ce a făcut furori în industria realității virtuale este un bun exemplu contemporan; lucrurile care au o foarte mare popularitate sunt diseminate, ca de exemplu distribuția la scală largă a filmelor, cărților, melodiilor, jocurilor video cunoscute; lucrurile care sunt foarte populare sunt adoptate, puse în practică, ca automobilul de exemplu; lucrurile care au o foarte mare popularitate sunt îmbunătățite, ca de exemplu design-urile tot mai perfecționate ale imprimantelor 3D care caută să le facă mai eficiente, mai simple, mai puțin costisitoare, etc.; lucrurile care devin foarte populare sunt analizate, scrutate, ca de exemplu cazurile nefericite ale prăbușirilor de avion; lucrurile care ajung foarte populare devin inspirație pentru alte elemente sintetizate de oameni, ca exemplul unui film popular care a dus la sintetizarea unor postări de blog, documentare, artă făcută de fani, unei serii TV, etc. Deci, direcția, lucrul pe care noi ca oameni ne concentrăm în mod colectiv este important. Dar chestia este că fiecare dintre noi contribuim la care din elementele sintetizate de către oameni devin foarte populare prin acțiunile noastre individuale, prin elementele sintetizate de către oameni pe care noi decidem să le asimilăm, să le discutăm cu prietenii, familia și vecinii, fie că e vorba despre o carte, un film, o invenție, o melodie, un website, un articol, o idee. Fiecare dintre noi participă în mod activ la "deciderea" a care dintre elementele sintetizate de către oameni apar în atenția noastră colectivă prin elementele pe care noi decidem să le sintetizăm și să ajutăm să fie sintetizate, prin elementele la care noi decidem să ne gândim, pe care noi decidem să vorbim unii cu ceilalți, prin elementele pe care noi decidem să le împărtășim.

Aici văd eu adevărata democrație: Fiecare dintre noi participam la direcția in care ne îndreptăm ca oameni atenția colectiva cu propria noastră atenție individuala, si cu ce alegem sa împărtășim cu cei din jurul nostru, și aceasta atenție colectivă înseamnă dezvoltare, creștere pentru obiectul respectiv, fie ca e om, invenție, teorie...orice-ar fi.

Și-atunci pune-ți întrebarea, "Ce fel de elemente aș vrea ca celulele din corpul meu să ajute să sintetizeze și să eleveze in conștientul meu?" Oricare ar fi răspunsul, conform acestei teorii, ar trebui să cauți să sintetizezi și să ajuți la promovarea in atenția colectivă a oamenilor a elementelor care au aceleași calități pentru societatea umană, deoarece tu ești în relație cu societatea umană ceea ce o celulă nervoasă este in relație cu corpul și conștiența ta.

Acesta este primul precept moral formulat in carte: **Fă pentru atenția colectivă a oamenilor ceea ce ai vrea ca celulele din corpul tău să facă pentru conștiența ta.** Acum, răspunsul tău la întrebarea de mai sus, "Ce fel de elemente aș vrea ca celulele din corpul meu să ajute să sintetizeze și să eleveze in conștientul meu?" ar putea să fie unic, dar de dragul continuării conversației să dăm un răspuns general, de bun simț, și să spunem că ai vrea ca celulele tale și rețelele tale de celule să ajute să sintetizeze și să eleveze in conștiența ta elemente care produc sentimente de fascinație (ca un gând care se referă la minunăția simplului fapt că ești viu), care-ți aduc fericire (ca un gând comic), care te ajută să stabilești scopuri bune (ca și cel de a mânca sănătos sau de a face exerciții fizice pentru a fi în formă), și care te ajută să atingi acele scopuri intr-un mod inteligent și empatetic față de celulele tale (adică idei despre cum să-ți atingi acele scopuri intr-un mod distractiv și inteligent). Și pentru că toate aceste elemente ar avea la bază fericirea și bunăstarea celulelor tale (consideră că fericirea ta conștientă este de fapt fericirea la nivel general al celulelor tale și rețelelor tale de celule), poți spune că ele sunt elemente care, intr-un cuvânt, ajută să facă *lumea care ești* un loc mai bun pentru cel mai mare număr de celule din corpul tău.

Și-atunci, ar trebui să cauți să sintetizezi și să ajuți la elevarea în atenția colectivă a oamenilor elemente care aduc populației generale de oameni sentimente de fascinație, elemente care au potențialul să genereze fericire generală, elemente care ajută la stabilirea unor scopuri bune pentru societatea umană ca tot - adică, scopuri care se referă la populația generală de oameni și cu care populația generală se poate pune de-acord - și elemente care ajută la realizarea acestor scopuri intr-un mod inteligent și empatetic față de toți oamenii (i.e. intr-un mod inteligent și distractiv pentru oameni în general)...Elemente care, intr-un cuvânt, ajută să facă *lumea din care facem parte* un loc mai bun pentru cel mai mare număr de oameni. Așa cum am spus mai devreme, aceste elemente pot fi de orice natură, de la cărți la show-uri TV, lucrări academice, invenții....elemente care sunt sintetizate sau descoperite de oameni din toată lumea.

Acesta este deci primul precept moral: Fă pentru atenția colectivă a oamenilor ceea ce ai vrea ca celulele din corpul tău să facă pentru conștiența ta.

A doua întrebare care ți-o poți pune este "Cum ai vrea ca celulele din corpul tău să se poarte față de celulele lor vecine?" Și aici, oricare ar fi răspunsul tău, ar trebui să cauți să faci la fel pentru vecinul tău din societatea umană. Acesta este deci al doilea precept moral abordat în carte: **"Fă pentru vecinul tău ceea ce ai vrea ca oricare celulă din corpul tău să facă pentru celulele sale vecine."** Din nou, răspunsul tău la întrebarea "Cum aș vrea ca celulele din corpul meu să trateze celulele sale vecine?" ar putea fi unic, dar să dăm și aici un răspuns general, asumând faptul că vrei ca celulele tale să se trateze unele pe celelalte cu empatie, și atunci când este posibil să se ajute unele pe celelalte să prospere, pentru că știi că dacă populația generală de celule din corpul tău prosperă, tu prosperi. Susținând asta poate suna ca și cum acorzi celulelor tale calități umane, dar este bine documentat faptul că dacă o celulă din corpul tău a susținut stricăciuni, celulele din jurul său îi pot veni în ajutor, și cine știe ce alte lucruri neînregistrate de instrumentele noastre științifice poate să le facă celulele umane ca să influențeze în mod pozitiv celulele lor vecine. Și-atunci, ar trebui să-ți tratezi vecinul cu empatie, să-ți ajuți vecinul să prospere, pentru că urmând același fir logic dacă populația generală de oameni prosperă, atunci societatea umană prosperă.

Acesta este deci al doilea precept moral formulat în carte: Fă pentru vecinul tău ceea ce ai vrea ca oricare celulă din corpul tău să facă pentru celulele sale vecine, și împreună cu primul precept moral,

Fă pentru atenția colectivă a oamenilor ceea ce ai vrea ca celulele din corpul tău să facă pentru conștiența ta, cuprinde preceptele morale de bază ale cărții, din care toate celelalte își trag originea.

Aici merită punctat faptul că aceste precepte morale n-ar trebui să fie urmate din cauze fundamental spirituale. Ele sunt reguli morale materialiste extrase din suprapunerea omului cu societatea umană, ceea ce înseamnă că oricine le urmează ar trebui s-o facă în primul rând pentru că aceste precepte sunt **logice și utile.**

Ne-am referit deja pe scurt la baza lor logică, dar înainte de a putea înțelege pe deplin utilitatea lor, care include idei de genul oferirea necesităților de bază oamenilor din toată societatea umană, va trebui sa adresăm mai întâi un alt subiect principal al cărții: Evoluția.

# Capitolul IV. Evoluția

Să ne întoarcem acum la perspectiva extratereștrilor de știință, și să ne uităm din nou la societatea umană. Am menționat că din punctul lor de vedere, societatea umană ar arăta ca un organism. Dar ce fel de organism ar fi el? Nu poate fi un organism multicelular, pentru că prin definiție, organismele multicelulare sunt organisme compuse din mai multe celule. Deci, dacă e să numim organisme compuse din mai multe celule ca fiind organisme multicelulare, atunci să definim organismele compuse din mai multe animale ca fiind **organisme multizoa**. Cuvântul *zoia* vine din greacă și înseamnă "animale", deci poate fi tradus ca un organism compus din mai multe animale. Și-atunci, hai să privim societatea umană ca organism multizoa. Ce poate fi spus despre el?

Prima caracteristică ce iese în evidență este faptul că societatea umană este un organism multizoa ce s-a dezvoltat de la sine, primul organism de felul său. El nu are niciun părinte, s-a produs prin auto-organizare, ca să zic așa. Asta e în contrast cu orice alt organism multizoa care ar putea să apară în viitor, ca de exemplu colonii umane pe care le-am stabili pe alte planete, sau nave stelare ce ar căra oameni în număr mare pe care le-am construi, pentru că ele și-ar putea trasa originea la societatea umană; Cu alte cuvinte, ele ar fi apărut prin reproducere multizoa.

Deci societatea umană ca organism multizoa este oarecum la același nivel cu prima celulă care a apărut în natură - numită de oameni de știință protocelula - și cu primele organisme multicelulare care au apărut în natură, pe care le putem numi organisme protomulticelulare. Astfel putem numi societatea umană ca un organism protomultizoa.

Acum, sunt multe puncte discutabile legate de evoluția organismelor celulare, dar un lucru e sigur - pentru ca organismele celulare să fi evoluat de-al lungul timpului și să ajungă la nivelul la care sunt azi, acea primă celulă, acea protocelulă ar fi trebui să-și dezvolte capacitatea de a se reproduce. Așa că să zicem că societatea umană, ca și organism protomultizoa, își dezvoltă capacitatea de a se reproduce, ceea ce de fapt înseamnă că își dezvoltă capacitatea de a stabili colonii pe alte planete și\sau de a construi nave stelare care pot găzdui oameni în număr mare, în sensul că fiecare colonie și fiecare navetă stelară ar fi un organism multizoa propriu-zis.

Atunci întrebarea care urmează ar fi: Ar evolua organismele multizoa generație după generație la fel cum au evoluat organismele multicelulare, și ce ar sta in spatele acestui proces evolutiv?

Pentru a răspunde la această întrebare, să ne întoarcem la perspectiva extratereștrilor de știință. In Principio Res spune să-ți imaginezi că după ce au efectuat un număr de experimente pe societatea noastră umană, extratereștrii de știință au părăsit în final această zonă galactică satisfăcuți cu informațiile pe care le-au adunat. Specia lor nu s-a mai întors în colțul nostru de univers timp de câteva miliarde de ani, la sfârșitul cărora interesul lor în societatea umană s-a reaprins dintr-o dată. Așa că, ei decid să vadă ce s-a schimbat de când neamul lor s-au aventurat pentru prima oară în aceste părți, dar ce descoperă atunci când se întorc îi lasă înmărmuriți. De mult trecuta primă expediția care a fost întreprinsă de strămoșii lor acum mulți ani (miliarde de ani din perspectiva oamenilor) a documentat existența unui singur organism multizoa, societatea noastră umană. Dar acum, la întoarcere, ei sunt surprinși să vadă un număr mare și o varietate largă de organisme multizoa, cu diferențe de structură și de comportament remarcabile. Unele din aceste organisme multizoa sunt intr-adevăr înrădăcinate în suprafața planetelor și seamănă oarecum în descriere cu societatea noastră umană, în timp ce altele au organisme agile, mobile și efectuează activități complexe - ceea ce noi am considera navete stelare construite de oameni. De asemenea, cu ajutorul instrumentelor lor științifice, extratereștrii descoperă și organisme multizoa atât staționare cât și mobile care trăiesc sub apă pe diferite planete. Cu alte cuvinte, spre deosebire de prima expediție, ceea ce extratereștrii găsesc acum este o panoplie variată de viață multizoa, cu organisme multizoa de diferite forme și mărimi adaptate la diferite medii.

Acum, e foarte probabil ca ei să se întrebe cum a crescut numărul de organisme multizoa așa de mult: Dacă organismele multizoa apar prin auto-generație spontană, sau dacă se nasc prin procesul de reproducție din alte organisme multizoa; În același timp, ar putea să se întrebe ce mecanisme se găsesc în spatele capacității organismelor multizoa să se diversifice în diferite specii, să dezvolte diferite trăsături biologice, și vom vedea că vor ajunge la niște ipoteze interesante. Dar înainte să atingem aceste subiecte, să ne întrebăm prima oară care ar fi răspunsul nostru, ca oameni ce trăiesc intr-o societate umană, la aceste întrebări? În primul rând cum am considera noi că a crescut numărul de organisme multizoa așa de mult? Păi în acest scenariu, am cădea de acord cu concluzia că toate organismele multizoa s-au născut prin reproducție multizoa, începând cu primele organisme ce se trag din societatea noastră umană, în sensul că toate așezămintele umane ar fi stabilite de alte așezăminte umane, nu ar apărea de niciunde (în afară de societatea noastră umană). În al doilea rând, cum am zice noi că au organismele multizoa capacitatea să se diversifice în diferite specii, să dezvolte diferite trăsături biologice? Păi, am recunoaște faptul că toate au fost făcute posibil de oamenii care au trăit generație după generație de organisme multizoa aducând felurite contribuții la organismul multizoa din care fac parte, ca și modul în care internetul, zgârie-norii, și moduri de a extrage și a folosi electricitatea au apărut în societatea umană - ele au fost dezvoltate și perfecționate de mâinile și mințile a nenumărați oameni, lucrând uneori singuri, alteori în cooperare unii cu ceilalți.

În același timp, am putea recunoaște faptul că selecția naturală ar juca un rol în evoluția organismelor multizoa. Pentru a înțelege de ce, să efectuăm un alt experiment de gândire. Imaginează-ți că societatea umană s-ar reproduce instant pe 100 de planete diferite. În timp ce fiecare organism multizoa s-ar dezvolta, e foarte probabil ca oamenii ce trăiesc în ele ar face schimbări ici-colo la designul inițial al organismului din care fac parte, ar implementa felurite inovații tehnologice, noi moduri de a organiza societatea, etc. și toate astea ar face fiecare organism multizoa unic. Acum, putem să ne așteptăm la faptul că deși toate aceste schimbări ar fi făcute cu cele mai bune intenții, unele organisme multizoa din acest mănunchi de 100 s-ar dovedi că sunt în mod special promițătoare. Și chiar dacă toate organismele multizoa care s-ar naște din societatea noastră umană ar moșteni sistemul reproductiv dezvoltat de societatea noastră umană, și deci le-ar fi mai ușor să se reproducă, tot e nevoie de timp, multe resurse și o organizare eficientă pentru ca un organism multizoa să se maturizeze și pentru ca reproducerea sa să aibă loc, motiv pentru care acele organisme care vor fi cele mai promițătoare ar avea mai multe șanse să se reproducă, așa cum a făcut societatea noastră umană. Și desigur, asta înseamnă că acele organisme multizoa care se dovedesc a fi cele mai promițătoare ar avea mai multe șanse să crească în număr într-un mod sustenabil în mediul lor - cu alte cuvinte, ele ar fi cel mai probabil "selectate în mod natural" să-și perpetueze "specia". Drept urmare, selecția naturală ar juca un rol în evoluția organismelor multizoa.

   Un mod de a rezuma toate acestea este de a spune că viața multizoa și proliferarea sa ar fi făcută posibilă de procesul de evoluție prin selecția naturală al organismelor multizoa care au suferit mutații teleologice. Teleologic în acest caz înseamnă nimic altceva decât mutații "cu scop" dezvoltate de oamenii ce trăiesc în aceste organisme multizoa.

   Acum, să zicem că după o doză serioasă de investigații științifice, extratereștrii de știință realizează că toate organismele multizoa se nasc prin reproducție; descoperă organisme multizoa fosilizate împrăștiate de-al lungul acestei zonei galactice ceea ce-i duce cu gândul la un arbore al vieții (arbore filogenetic) multizoa; descoperă faptul că speciile de organisme multizoa pot fi uneori diferențiate doar de un număr mic de caracteristici biologice multizoa pe care nu le au în comun și aduc la lumină alte descoperiri care-i îndreaptă în direcția corectă pentru a formula o teorie precisă al evoluției multizoa. Dar adu-ți aminte că din cauza diferenței în mărime și viteză dintre noi și ei, și din cauza limitațiilor pe care le au instrumentele lor științifice, ei are avea o părere foarte simplistă despre ființele umane, și deci nu ar ști de unde ar apărea inovațiile care duc la dezvoltarea unor noi "caracteristici biologice" multizoa, de la zgârie nori la motoarele care propulsează navetele stelare. De aceea, să explice dezvoltarea organismelor multizoa de-al lungul timpului, ei ar formula teoria evoluției prin selecția naturală a organismelor multizoa care au suferit mutații **aleatorii**, chiar dacă noi știm că ele ar fi de fapt mutații cu scop dezvoltate de oameni care au trăit generație după generație de societăți umane.

Acum desigur, a asuma faptul că inovațiile umane care rezultă în ceea ce extratereștrii de știință ar considera noi trăsături biologice multizoa sunt produse printr-un proces aleatoriu pare ridicol pentru noi. Dacă ar fi să fim purtați acum către un descendent îndepărtat al societății umane care trăiește eoni de acum pe o planetă distantă și am vedea că în loc de case construite din beton ar fi case construite din ceva material biologic viu, și in loc de vehicule care funcționează pe baza combustibilului fosil ar fi mașini zburătoare ce merg pe hidrogen, și atunci când ar fi nevoie de mână de lucru pentru munci repetitive am găsi de roboți complecși făcând munca în loc de oameni, nu am putea concepe niciun proces aleatoriu care ar fi putut da naștere acestor inovații, acestor trăsături biologice multizoa. Dar trebuie să luăm în considerare poziția nefericită a extratereștrilor de știință: ei caută o explicație logică a modului în care noile trăsături multizoa apar fără a avea acces la lumea noastră umană - cuvintele pe care noi le rostim dispar pentru ei intr-o fracțiune de moment, la fel ca și acțiunile noastre. Ei sunt limitați de capabilitățile instrumentelor lor științifice, și de diferența în mărime și viteză dintre noi și ei - practic, noi existăm, ocupăm un nivel de magnitudine diferit în natură.

Și-acum să aruncăm o privire la teorie actuală a evoluției așa cum e aplicată la organismele multicelulare. În formularea ei actuală, ea este în mare teoria evoluției prin selecția naturală a organismelor care au suferit mutații aleatorii. Dar dacă extratereștrii de știință nu reușesc să găsească sursa reală a noilor mutații multizoa din cauza diferenței în mărime și viteză dintre noi și ei, atunci e posibil ca același lucru să se aplice in relație cu noi și sursa reală a noilor mutații multicelulare - adică, s-ar putea ca motivul pentru care noi vedem dezvoltarea lor ca pornind din cauze aleatorii să fie din cauza diferenței in mărime-viteză dintre noi și celule.

De fapt, dacă noi am fi de mărimea și viteza celulelor, și am fi propulsați de la un organism care a trăit la începutul vieții multicelulare acum miliarde de ani la corpul uman modern, am avea aceeași reacție de "wow" pe care am avea-o ca oameni ce călătoresc din organismul nostru multizoa într-un descendent depărtat al societății umane. Și deci, cum putem fi de-acord să considerăm evoluția organismelor celulare ca fiind rezultatul unor forțe aleatorii, când nu am putea face asta în relație cu organismele multizoa? De aceea cartea propune teoria care spune că noile caracteristici biologice care apar în organismele multicelulare nu sunt produsul unor forțe aleatorii, ci mai degrabă sunt dezvoltările ce se nasc din contribuțiile aduse de către celule organismelor din care ele fac parte, cam la fel cu modul in care dezvoltarea multizoa ar rezulta din contribuțiile oamenilor aduse organismelor din care ei fac parte.

Sunt multiple fire de dovezi care susțin această teorie: de la realizarea crescândă a faptului că celulele sunt niște ființe unice, independente, autonome capabile de acțiuni unice, la complexitatea organismelor multicelulare, și la concluziile la care se poate ajunge prin experimentul de gândire cu extratereștrii de știință.

Dar ca să fiu sincer, ideea că a pune "forțe aleatorii" in spatele evoluției multicelulare este doar un alt mod de a spune "nu știm care-i cauza" nu este nouă. Sunt alți oameni de știință eminenți care au vorbit și vorbesc despre asta, indicând înspre complexitatea incredibilă al organismelor celulare și multicelulare ca și argument împotriva apariției "aleatorii" ale caracteristicilor biologice celulare și multicelulare. Adevărata inovație a lui In Principio Res constă în modul de abordare adus explicației motivului pentru care nu ar trebui să considerăm procesul aleatoriu, pornind de la ideile ce pot fi extrase în timp ce e privită evoluția organismelor multizoa din perspectiva extratereștrilor de știință.

Deci, pentru a rezuma totul într-un limbaj care se aplică atât organismelor multicelulare cât și organismelor multizoa, cartea propune teoria că evoluția organismelor are loc prin selecția naturală a organismelor care suferă mutații teleologice dezvoltate de unitățile lor de bază.

# Capitolul V. Utilitatea Preceptelor Morale

Și-acum putem să ne întoarcem la utilitatea preceptelor morale discutate.

Am menționat mai devreme că societatea umană este un organism protomultizoa, la același nivel cu protocelula și cu primele organisme multicelulare care au apărut în natură. Și luându-ne după dovezi, dacă ar fi să ne uităm la diferența dintre prima celulă ce a apărut în natură și celulele din ziua de azi - ca și celulele umane de exemplu, se vede că celula din ziua de azi e mult mai evoluată - adică, mai adaptată la mediul ei, capabilă de a efectua acțiuni mai complexe, mai eficientă, etc. Sau dacă ne uităm la diferența dintre primele organisme multicelulare care au apărut în natură și organismele multicelulare din ziua de astăzi - ca si corpul uman, vedem că organismele multicelulare de azi sunt mult mai evoluate.

Corpul uman e mult mai evoluat decât trilobitele care au trăit acum 500 de milioane de ani de exemplu, sau orice alt organism care trăia în acea perioadă în măsura în care procesul de fosilizare i-a memorat existența. În același timp, conștiența primelor animale care au apărut în natură - dacă ar fi să o numim conștiență - e foarte probabil să fi fost mult mai primitivă decât conștiența unor organisme care trăiesc astăzi - ca și cea a mamiferelor in general, sau a omului in special. Și pe baza acestor corelații, putem ajunge la concluzia că organismele multizoa care se vor naște prin reproducție din societatea umană vor ajunge să fie mult mai evoluate decât societatea noastră - cu alte cuvinte, coloniile pe care noi le vom stabili pe alte planete, sau navele stelare pe care le vom construi și descendenții lor vor ajunge să fie mult mai evoluate, întrecând probabil societatea umană in practic toate domeniile. Și intr-adevăr, dacă stăm să ne gândim, ele vor avea la dispoziție de la început toate realizările pe care societatea umană i-a luat secole să le dezvolte, de la moduri de a extrage și produce electricitate la moduri de comunicare globală instantă, și ar putea să construiască pe baza acestor inovații din momentul concepției.

Acestea fiind spuse, cine știe ce vor ajunge să știe aceste organisme multizoa despre tot, începând de la legile naturii și până la originile universului? Cine știe cât de mult mai evoluată va fi tehnologia lor? Modul lor de-a vedea lumea? Ce noi stiluri de artă vor dezvolta?

Acest fapt, că probabil suntem primitivi în comparație cu potențialii descendenți ai societății umane nutrește un anumit nivel de umilință, dar în același timp poziția noastră poate fi sursa unui puternic sentiment de onoare, pentru că noi ca și prim organism multizoa putem fi sămânța pentru un viitor multizoa, pentru un arbore al vieții multizoa care ar putea să se extindă de-al lungul galaxiei și să atingă o complexitate ce depășește imaginația. Am menționat deja conceptul de arbore al vieții, sau arbore filogenetic când am discutat subiectul evoluției, dar haideți să vorbim despre ce înseamnă el cu adevărat.

Știi cum în manualele de biologie introductivă există mai tot timpul un arbore al vieții în care sunt clasificate toate organismele celulare - de la bacterii la specii de animale - care arată cum sunt toate aceste organisme înrudite, și mai ales, cum toate pleacă dintr-o rădăcină comună. E, la baza acelei rădăcini se află prima celulă care a apărut în natură, protocelula, considerată strămoșul comun al întregii vieți pe pământ. De la ea a pornit totul. Arborele vieții din manualele de biologie se referă la organisme celulare. Noi in schimb putem fi rădăcina unui arbore al vieții multizoa, strămoșul comun din care toate organismele multizoa își trag rădăcina; Societatea noastră umană poate fi sămânța din care acest arbore să înmugurească, proto-organismul multizoa care pune bazele acestui arbore al vieții, ceea ce e o oportunitate incredibilă.

Dar așa cum am făcut aluzie mai devreme, pentru ca asta să se întâmple societatea umană ar trebui să-și dezvolte capacitatea de a se reproduce, sistemele "corporale" necesare pentru reproducere, și asta este o sarcină notorie pentru gradul ei ridicat de dificultate, o sarcină pentru care nu ar fi nevoie doar de câteva minți luminate, ci de o multitudine de minți luminate și de un nivel înalt de cooperare între oamenii din toată societatea umană. În momentul de față, scopul de a stabili o colonie pe o altă planetă pare un vis îndepărtat. Simplu spus, societatea noastră umană așa cum este acum nu este capabilă de a dezvolta sistemul reproductiv multizoa.

Și aici intervine ideea de a oferi oamenilor din toată societatea umană necesitățile lor de bază, lucru care printre altele ar da oamenilor un mediu care promovează inovațiile necesare pentru a dezvolta capacitățile reproductive ale societății umane.

Pentru a înțelege de ce, să ne uităm la corpul uman. Ca și rezultatul experienței pe care strămoșii celulelor umane au adunat-o formând societăți timp de miliarde de ani, corpul tău are un sistem de distribuție al nutrienților foarte eficient, motiv pentru care nu e nevoie să mănânci tot timpul pentru ca celulele din tot corpul tău să primească glucoza de care au nevoie, sau nu trebuie să respiri ca și cum ai alerga un maraton pentru ca celulele din corpul tău să primească oxigenul de care au nevoie. Acest sistem de distribuție al nutrienților asigură faptul că celulele din tot corpul tău au necesitățile de bază satisfăcute atâta timp cât acești nutrienți există în corp - cu alte cuvinte, atâta timp cât mănânci cum trebuie. Alături de alți factori, asta dă libertate celulelor tale - inclusiv celulelor tale nervoase - să-și facă treaba fără să fie nevoie să-și concentreze o mare parte din timp și energie înspre a-și asigura necesitățile de bază individual.

Dar imaginează-ți pentru un moment cum ar fi dacă fiecare din celulele tale nervoase ar trebui să-și extragă hrana din mediu individual. Ce s-ar întâmpla?

Am zis mai devreme că celulele din sistemul tău nervos sintetizează elementele (e.g. ideile, sentimentele, senzațiile) care pot deveni parte din conștiența ta. Dar pentru ca ele chiar să se ocupe de sintetizarea acestor elemente, sau pentru a-și întoarce atenția înspre cele mai demne elemente care i le sunt făcute valabile de către celulele sale vecine, aceste celule ar trebui să fie specializate în domeniile ce sunt legate de asemenea activități. Ca și analogie cu societatea umană, pentru ca un om sau un grup de oameni să facă un film de foarte bună calitate, acel om sau oamenii din grup trebuie să dețină anumite cunoștințe, să aibă anumite abilități care sunt diferite de abilitățile necesare pentru a face o carte de foarte bună calitate de exemplu - abilități care se dezvoltă cu timpul, prin practică. Același lucru se aplică și celulelor nervoase: au nevoie de timp și practică pentru a dezvolta abilitățile care să le permită să sintetizeze paleta variată de elemente care apar în conștiență. Și un factor care joacă un rol important în valabilitatea timpului necesar pentru a urma aceste specializări este faptul că aceste celule își au necesitățile de bază satisfăcute prin eficientul sistem de distribuție al nutrienților menționat. Sau dacă e să o punem în termeni umani, celulele umane nu trebuie să-și „facă griji" de unde își vor câștiga "pâinea" mâine, așa că sunt liberate de la a avea nevoie să dobândească specializări care sunt legate de aceste griji, și au libertatea să urmeze specializări ca acelea de celule nervoase care le permite să facă chestii gen să se gândească în mod colectiv la organismul din care ele fac parte ca și un tot unitar.

Dar imaginează-ți pentru un moment că sistemul de distribuție al nutrienților din corp nu există, sau că este foarte ineficient. Drept urmare în loc să crească în condiții de abundență și să aibă timpul și resursele necesare să contribuie la conștiența ta, fiecare celulă din sistemul tău nervos ar trebui să se concentreze înspre asigurarea necesităților sale de bază din mediul său, ca și glucoză și oxigen de exemplu, pentru a supraviețui. Pentru a-și asigura necesitățile lor de bază, ar trebui să dobândească specializări care le-ar permite asta, care le-ar da posibilitatea să extragă aceste resurse din mediul lor, și nu specializări care le dă voie să sintetizeze elementele care ar putea să devină gândurile tale conștiente, pentru că altfel ar pieri. Deci, dacă ele ar trebui să-și asigure necesitățile de bază individual, celulele stem care devin celule nervoase ar fi căutat să urmeze alte specializări, și s-ar fi angajat în alte activități care nu au mare lucru de-a face cu sintetizarea gândurilor. Și fără celule care să se angajeze în asemenea activități, capacitatea ta cognitivă ar fi nulă, ar dispărea, conștiența corpului tău ar înceta să existe. În cazul fericit în care câteva celule sporadice tot ar mai putea să sintetizeze elementele în cauză, gândurile tale ar fi ca și niște puncte de lumină emise de o mică populație de licurici intr-o pădure imensă. Cu alte cuvinte, ai avea un gând odată la ceva timp, și un gând cu adevărat interesant probabil mai rar de atât.

Din fericire natura noastră nu este așa, motiv pentru care beneficiem de o viață mentală bogată, dar acolo unde corpul uman este rezultatul experienței pe care strămoșii celulelor umane au adunat-o formând societăți timp de miliarde de ani, societatea noastră umană este în prezent primul organism de felul său. Și uitându-ne în societatea umană, se poate observa că oamenii trebuie să-și aloce o mare parte din timpul și energia lor pentru a-și asigura necesitățile de bază. Asta-și spune cuvântul asupra capacității cognitive a societății umane - adică asupra contribuțiilor aduse de oameni organismului din care fac parte.

Cum își spune cuvântul? Așa cum s-a menționat mai devreme, in teoria cunoașterii-împreună a conștienței, conștiența unui organism este compusă din tot ce unitățile de bază și rețelele formate din unitățile de bază al organismului se concentrează în mod colectiv. Deci, conștiența societății umane poate fi considerată elementele sintetizate de către oameni asupra cărora ei se concentrează în mod colectiv - cărțile, filmele, jocurile video, show-urile, invențiile care sunt binecunoscute. Astfel se poate înțelege că cu cât mai mulți oameni se concentrează asupra unui element, cu atât conștiența societății umane este mai puternic concentrată asupra acelui element.

Şi aşa cum am spus mai devreme, este important pe ce ne concentrăm în mod colectiv, pentru că acel lucru creşte în felurite moduri - primeşte fonduri, este distribuit, este implementat, este analizat, inspiră sintetizarea de elemente ce sunt înrudite cu acel obiect al atenţiei, şi-aşa mai departe - desigur, depinde de natura elementului. Dar faptul că în prezent oamenii ce trăiesc în societatea umană trebuie să-şi asigure necesităţile de bază individual înseamnă că trebuie să urmeze orice specializări care sunt oferite de mediul lor, şi în ziua de azi multe dintre aceste specializări necesită mult timp şi resurse cognitive şi sunt neînrudite cu o perspectivă sinoptică a societăţii umane. Deci, să ceri oamenilor să se concentreze cât de cât asupra societăţii umane ca un tot unitar, să contribuie în moduri unice atenţiei colective a oamenilor, să caute să răspândească elementele care ei consideră că sunt promiţătoare în restul societăţii umane pare nepotrivit pentru o mare populaţie de oameni care au îngrijorări mai imediate, mai ales atunci când luăm în considerare faptul că mulţi oameni nu se au numai pe ei, dar au şi o familie de care trebuie să aibă grijă, o familie faţă de care sunt responsabili cu asigurarea necesităţilor de bază şi posibilităţii de a prospera.

Acesta este modul în care această situaţie îşi spune cuvântul asupra capacităţilor cognitive a societăţii umane, şi-atunci ideea e să urmăm exemplul organismelor multicelulare, care au fost sculptate de evoluţia prin selecţia naturală a generaţie după generaţie de organisme multicelulare, şi să căutăm să oferim necondiţionat necesităţile de bază pentru oamenii din toată societatea umană.

Pentru a exprima toate acestea într-un mod diferit, să ne întoarcem la scopul de dezvolta capacităţile reproductive a societăţii umane: Nu ştim unde va apărea omul care are potenţialul să dezvolte conceptul pentru motorul care va ajunge să propulseze prima navetă stelară, sau care va veni cu o altă invenție de asemenea proporții - nu știm cine vor fi acești oameni, sau unde se vor naște. Dar putem fi siguri că dacă acești oameni nu au necesitățile de bază îndeplinite, sunt mari șanse că-și vor concentra o mare parte din timpul și energia lor pentru a-și asigura acele necesități de bază, pentru a dezvolta abilitățile care sunt legate de acest scop, și nu să-și nutrească potențialul de a dezvolta lucruri ca și motorul de care ziceam.

E similar cu faptul că nu știi care parte a creierului tău, care celulă sau rețea de celule va sintetiza următoarea idee bună la care te vei gândi sau soluția la problema pe care of vei înfrunta, motiv pentru care ai 86 de miliarde de neuroni numai în creier, bine hrăniți, îngrijiți, și pe cât se poate, fericiți - sau mai bine zis, este motivul pentru care procesul de evoluție multicelulară prin selecție naturală care a avut loc timp de nenumărate generații a dezvăluit acesta ca fiind cel mai de succes plan corporal.

Și la fel cum următoarea idee bună pe care o vei avea sau următoarea soluție la problema pe care o înfrunți ar putea să te facă fericit pe tine, ca și conștiența corpului tău - ceea ce în teoria cunoașterii-împreună a conștienței înseamnă că ar face fericită populația generală de celule din sistemul tău nervos - la fel și descoperirea motorului de care vorbeam ar putea să ducă la fericirea generală a oamenilor de toate felurile ce trăiesc în societatea umană - cu alte cuvinte, la fericirea societății umane.

Dar în același timp, e nevoie de multă forță cerebrală pentru a găsi o soluție la o problemă complexă pe care o întâlnești, și la fel va fi nevoie de multă forță umană pentru a depăși provocările tehnologice și de organizare legate de dezvoltarea capacității de a se reproduce a societății umane. De aceea cartea recomandă să oferim oamenilor necesitățile lor de bază: Le va da timp să se gândească cum să realizeze asta, și să pornească alte demersuri care au în vedere societatea umană ca și un tot unitar - în același mod în care celulele tale nervoase au timp, energie, resursele necesare să contribuie la conștiența ta - și asta ar fi benefic pentru toată lumea, pentru oamenii din toată societatea umană.

Acum, când zic "să oferim oamenilor din toată societatea umană necesitățile lor de bază necondiționat", nu mă refer să o facem orișicum, ci să fie o acțiune gândită. Există de exemplu modele de case autonome care pot oferi adăpost, electricitate, apă, canalizare, și chiar mâncare fără să fie nevoie ca ele să fie legate la o rețea centralizată, cu un cost minim atât financiar cât și pentru planetă. Un bun exemplu pentru astfel de case este modelul Earthship dezvoltat de Michael Reynolds și echipa sa. Desigur, aceste tipuri de case sunt încă în stare incipientă de dezvoltare, dar cu cât vor fi construite mai mult, cu atât vor fi îmbunătățite, făcute mai eficient, mai confortabile, etc. Oamenii care le vor construi ar veni cu idei noi, sisteme noi, la fel cum se întâmplă în orice domeniu. Cu alte cuvinte, aceste modele de case ar apărea în atenția colectivă a oamenilor - deci societatea umană s-ar gândi la ele, și cu timpul acest proces de gândire le-ar îmbunătăți, la fel cum ideile care-ți apar în conștiență, atunci când le aplici și dup-aia te gândești cât de bun a fost rezultatul, le poți îmbunătăți.

Și dacă aceste tipuri de case ar fi construite la scală largă, oamenii ar avea un fundament....nu ar mai trebui să-și facă griji despre necesitățile lor de bază, ar putea să-și îndrepte atenția înspre alte aspecte ale vieții. Și pe acest fundament am putea construi orice altceva, până la dezvoltarea capacității umane de a se reproduce.

Dar desigur, oferirea necesităților de bază într-un mod sustenabil pentru toți oamenii și deci creșterea capacitații cognitive a societății umane nu are în vedere numai realizarea scopului de a dezvolta capacitățile reproductive a societății umane, la fel cum a avea 86 de miliarde de neuroni care să-ți susțină conștiența nu are în vedere numai rezolvarea problemelor pe care le întâlnești...A avea ca om, ca organism multicelular o viață mentală bogată este folositor în multe alte moduri, fapt cu care sunt sigur că te-ai pune de-acord. Și același lucru s-ar aplica pentru conștiența societății umane - ar fi folositor în multe moduri pentru oamenii și rețelele de oameni din societatea umană ca viața conștientă a societății umane să fie variată și bogată. Știi cum se spune, și "chestiunile mici" contează. De fapt, dacă primul principiu moral ar fi adoptat la nivel general, și oamenii ar căuta să contribuie la conștiența societății umane la fel cum ar vrea ca celulele din corpul lor să contribuie la conștiența lor individuală, atunci cu cât există sunt mai mulți oameni pe planetă cu atât mai bine, pentru că ar putea să însemne mai multe contribuții diverse în favoarea capabilităților conștiente ale societății umane; La fel cum mai multe celule nervoase par să producă mai multe putere cognitivă pentru organisme multicelulare.

   Acum, toate acestea ar putea să pare un pic idealist, utopic, dar de fapt ideea e ca atenția colectivă a oamenilor să aibă aceeași folosință în relație cu societatea umană ca și conștiența ta pentru corpul tău - tu, ca și conștiența corpului tău, ai în vedere în mod normal bunăstarea populației generale de celule din corp. Fie că urmărești fericire, bunăstarea ta personală, sau în cazuri mai extreme necesități de bază gen mâncare și apă, la rădăcina acestor dorințe se găsește bunăstarea celulelor din corpul tău. Acesta este rezultatul a miliarde de ani de evoluție celulară. Și-atunci, pe baza acestor lecții oferite de natura multicelulară, atenția colectivă a oamenilor ar trebui să aibă în vedere bunăstarea populației generale de oameni din societatea umană.

Cu alte cuvinte, dacă noi ca oameni căutăm să facem lumea care suntem un loc mai bun pentru cel mai mare număr de celule din corpul nostru prin propria noastră conștiență individuală, și dacă această configurație dă rezultate așa de bune pentru supraviețuirea și prosperarea noastră individuală, atunci ar trebui să învățăm din asta și să căutăm să facem lumea din care facem parte un loc mai bun pentru cel mai mare număr de oameni prin conștiența societății umane - adică prin atenția colectivă a oamenilor - ca să asigurăm supraviețuirea și prosperarea societății umane.

# Capitolul VI. Contraargumente

Așa cum am menționat mai devreme, preceptele morale descrise aici nu se bazează pe concepte metafizice, ci au o bază materialistică. Cu alte cuvinte, ele ar trebui să fie urmate pentru că sunt **logice și folositoare.**

Unele persoane în schimb ar putea dori conteste utilitatea lor spunând că nu este universală, că unii oameni ce trăiesc în societatea umană, în mare parte cei ce au multă putere și influență, se bucură de o viață foarte plăcută care se extinde familiei lor și celor dragi întocmai pentru că nu urmează aceste precepte morale ci mergând împotriva lor, oameni care ar avea de pierdut dacă să zicem, oamenii din toată societatea umană ar avea necesitățile de bază asigurate necondiționat.

Dar asta e adevărat numai dintr-o perspectivă îngustă, pe termen scurt. Pentru a înțelege mai bine de ce, întreabă-te: Ai prefera ca descendenții tăi să trăiască ca și regi în Europa secolului treisprezece, sau ca oameni relativ prosperi de clasă mijlocie în societatea noastră contemporană?

   Și pentru a avea o bună perspectivă a acestei întrebări, să luăm exemplul regelui Edward I al Angliei, care a condus Anglia în secolul treisprezece, și familia sa. Trăind în palate, bucurându-se de mâncare bună, apă curată, și o echipă mare de servitori, familia regelui Edward a avut o viață luxuriantă în comparație cu cea a oamenilor de rând din Europa medievală. Cu toate acestea, dovezile istorice dezvăluie că dintre cei 16 copii pe care i-a avut soția regelui, regina Eleanor, 10 dintre ei au murit în timpul copilăriei. Numai 6 din ei au reușit să trăiască peste vârsta de 11 ani. Dintre ei, numai 3 au trăit mai mult de 40 de ani, deși familia roială au avut cei mai buni doctori din acea perioadă la dispoziția lor. Aceste statistici neplăcute sunt rezultatul faptului că medicina era o știință primitivă în acea perioadă, neputând să facă prea multe pentru a păstra în siguranță copii chiar și celor mai afluenți membrii ai societății. În schimb dacă e să derulăm timpul, vedem că astăzi, mulțumită contribuțiilor aduse în aceste ultime secole de către oameni ce-au trăit în toată societatea umană, multe dintre bolile care au afectat copiii în vremurile trecute nu mai prezintă un pericol constant pentru copii oamenilor de rând în lumea industrializată. Mai mult, speranța de viață a fost dublată de la 30 și ceva de ani la aproximativ 64 de ani în toată lumea. Dar medicina nu e singurul domeniu uman de studiu care ar fi putut fi considerat primitiv în acea perioadă în comparație cu cum e azi. La fel s-a întâmplat și cu celelalte științe, arte, și tehnologie. Calitatea vieții a fost îmbunătățită dramatic, cu mult mai multe posibilități în practic toate aspectele vieții oferite oamenilor de toate clasele sociale. Drept urmare deși erau personalități roiale, calitatea vieții, lărgimea orizontului lor, posibilitățile pe care regele Edward și familia sa au avut la dispoziție ca ființe umane erau chiar limitate în comparație cu cele valabile pentru chiar și o persoană de clasă mijlocie ce trăiește astăzi în societatea industrializată. Printre altele era lipsa cunoștințelor despre lumea din jurul lor: Ei știau foarte puține sau nimic despre legile naturii ca gravitația, compoziția stelelor, atomi, celule, etc...Se poate spune că erau ignoranți, dar desigur asta nu era din vina lor...contribuțiile umane care au devenit cunoștințele prezente despre lume, și pe care le folosim pentru a ne atenua ignoranța (atât cât putem) pur și simplu nu existau pe atunci.

Și atunci, reformulând această întrebare având în vedere posibilitățile din ziua de azi, ai vrea ca descendenții tăi să aibă multă putere și influență în organismul din care facem parte așa cum este el acum, în acest stadiu al dezvoltării sale, sau ai vrea ca ei să fie "de clasă mijlocie" într-un organism care este la fel de diferit față de al nostru ca și societatea umană din secolul treisprezece față de societatea noastră umană din prezent? Ce crezi c-ar prefera ei? Răspunsul ar putea să fie a doua variantă, dar în acest stadiu de dezvoltare al societății umane, pentru ca diferența dintre lumea noastră și cea a descendenților noștri să fie la fel ca și diferența dintre Europa secolului treisprezece și lumea noastră, oamenii ar trebui să lucreze împreună ca un singur organism. Și în special pentru că, așa cum am lăsat să se înțeleagă mai devreme, numai printr-o operațiune masivă, pe scală largă și pe termen lung care ar include oameni din toată societatea umană am putea să dezvoltăm capacitatea societății umane de a se reproduce.

Acum, vreau sa vorbesc despre altceva, tot legat de utilitatea preceptelor morale, numai pe un alt plan. Unul din preceptele morale pe care le-am menționat mai devreme este "Fă pentru atenția colectivă a oamenilor ceea ce ai vrea ca celulele din corpul tău să facă pentru conștiența societății tale de celule." ceea ce, așa cum am zis, indică faptul că dacă ai vrea ca celulele din corpul tău să sintetizeze și să ajute la elevarea în conștiența ta a elementelor care, într-un cuvânt ajută să facă lumea care ești un loc mai bun pentru cel mai mare număr de celule din corp, atunci și tu ar trebui să cauți să ajuți la sintetizarea și promovarea în atenția colectivă a oamenilor elemente care, într-un cuvânt, prezintă posibilitatea de a face lumea în care ne aflăm cu toții un loc mai bun pentru cel mai mare număr de oameni.

Asta înseamnă că dacă aceste precepte morale sunt adoptate la nivel general, atunci mai multe elemente sintetizate de oameni care au potențialul să facă lumea un loc mai bun pentru cel mai mare număr de persoane vor ajunge în atenția noastră colectivă, adică vor deveni foarte populare, și deci vor fi nutrite și puse în practică prin această popularitate.

A face lumea un loc mai bun este mai mult un termen tehnic folosit în In Principio Res. El înseamnă să combini posibilitățile unice care sunt oferite de mediul tău, informațiile unice pe care le-ai adunat, abilitățile unice pe care le-ai format de-al lungul vieții tale pentru a căuta să faci lumea un loc mai bun pentru cel mai mare număr de oameni într-un mod care e plăcut pentru și unic ție. Originea lui pleacă de la acel principiu moral menționat, care spune că dacă tu vrei ca celulele tale să sintetizeze și să eleveze în conștiența ta elemente ce fac lumea care ești un loc mai bun pentru cel mai mare număr de celule din al tău corp, la fel ar trebui să cauți să sintetizezi și să elevezi în atenția colectivă a oamenilor elemente care prezintă potențialul de a face lumea în care suntem un loc mai bun pentru cel mai mare număr de oameni, și dacă primul scenariu e benefic pentru celulele din tot corpul tău, din al doilea scenariu ar beneficia oameni din toată societatea umană. Deci, un scriitor de exemplu ar putea să scrie o poveste care el crede că ar putea să facă lumea un loc mai bun. Un om de afaceri ar putea să-și folosească cunoștințele în afaceri pentru a porni un proiect care ele crede că ar putea să facă lumea un loc mai bun. Un constructor ar putea să proiecteze o casă care el crede că ar putea să facă lumea un loc mai bun, și-așa mai departe. Cu alte cuvinte dacă ești de-acord cu preceptele morale menționate, nu înseamnă că trebuie să-ți schimbi viața complet pentru a face lumea un loc mai bun - asta e doar o opțiune. E vorba despre canalizarea felului tău unic de a fi pentru a aduce contribuții unice acestui scop, despre a participa din unghiul tău creativ la asta. Unii s-ar putea să lucreze la astfel de proiecte singuri, alții ar putea s-o facă în grupuri. Teoria e că în final, unele dintre aceste contribuții vor face lumea un loc mai bun, la fel cum unele dintre contribuțiile pe care celulele tale le aduc râului tău de gânduri atunci când te concentrezi în mod conștient asupra realizării unui scop te ajută să atingi scopul respectiv. Prin contribuțiile noastre diverse, a face lumea în care ne aflăm cu toții un loc mai bun pentru cel mai mare număr de oameni va deveni scopul conștient al societății umane. Este un mod constructiv de a aplica realizarea faptului că societatea umană are o conștiență, și de a practica capabilitățile conștiente ale societății umane pentru a fi îmbunătățite - pentru că așa cum se știe, orice poate fi îmbunătățit prin practică.

Deci utilitatea acestor precepte morale și încurajamentul lor de a găsi o cale de a oferi oamenilor necesitățile de bază este în general de dorit nu numai pentru că va ajuta la realizarea scopului pe termen lung de reproducere multizoa și deci va ajuta organismele multizoa să evolueze, dar în același timp pentru că pe termen scurt va nutri sintetizarea și finanțarea elementelor care au potențialul să facă lumea un loc mai bun în moduri noi, imprevizibile pentru toți oamenii, indiferent de avere, statut social, rasă, convingeri, etc. inclusiv pentru oamenii ce trăiesc în societatea umană care unii cred că o duc mai bine tocmai pentru că nu urmează aceste precepte morale.

Și dacă tot suntem pe acest subiect, fundamentul logic al acestor precepte morale mai are un subpunct special pentru cei care au multă putere și influență, în afara de utilitatea lor:

În carte scrie că sunt anumite celule în corpul uman care au mai multă putere și influență decât altele, cum ar fi celulele din pancreas care produc insulină, celulele endocrine din glanda tiroidă, celulele care produc dopamină din substantia nigra, sau celulele nervoase din locus ceruleus care inervează aproape tot sistemul nervos. Când aceste celule nu își fac treaba cum ar trebui boli la nivelul întregului corp uman pot apărea, ca și acromegalie, diabet, Parkinson's, etc. Știind asta, fiecare dintre noi ca și conștiența corpului nostru probabil își dorește ca aceste celule să-și îndeplinească sarcinile care sunt legate de specializările lor, pentru ca corpul nostru să fie sănătos și pentru ca conștiența să se poată concentra pe alte lucruri decât a găsi soluții la probleme de sănătate.

În cam același fel sunt anumite persoane în societatea umană care au mai multă putere și influență decât majoritatea oamenilor (indiferent dacă este dobândită prin forțe proprii, moștenită, etc.). Asta include oameni care dețin multă bogăție (de fapt în carte, banii sunt descriși ca și un hormon al societății umane, și spune că la fel cum sunt celule endocrine în corpul tău care eliberează hormoni ca și insulina și hormonul de creștere, sunt anumiți oameni în societatea umană care sunt însărcinați cu sintetizarea hormonului banilor în cantitățile și locurile potrivite și eliberarea lui în societate.) Include de asemenea figurile politice și alți oameni cu multă influență. Când nu-și folosesc bogăția sau influența cum se cuvine, societatea umană poate trece prin fenomene care pot fi considerate boli multizoa, cum ar fi bula dot com, bula imobiliară, criză economică, etc.

Preceptele morale descrise aici spun că dacă conștiența acestor oameni ar dori ca celulele din corpurile lor individuale care au multă putere și influență în acel corp să-și folosească poziția pentru beneficiul populației generale de celule învecinate, atunci și ei ar trebui să facă la fel în societatea umană - adică ar trebui să-și folosească puterea, influența și/sau avuția pentru beneficiul populației generale de oameni - pentru că cele două precepte sunt echivalente.

Cu toate acestea, astea-s doar motive logice și legate de utilitate pentru care chiar și cei ce în prezent pot fi considerați în câștig întocmai pentru că nu urmează aceste precepte morale ar trebui să le urmeze. Asta nu înseamnă că cei care nu le urmează ar trebui să fie condamnați sau disprețuiți.

Posibilitatea de a ne uita la societatea umană ca și la un organism, de a vedea conștiența societății umane ca și atenția colectivă a oamenilor, de a înțelege utilitatea acționării pentru binele tuturor oamenilor nu a existat până acum în această formă, este o perspectivă cu totul nouă, deci faptul că unii oameni nu urmăresc aceste precepte morale - și mai ales, faptul că unii oameni au urmat specializări umane care, căzând de acord cu concluzia ultimă a relativismului moral, sunt în contrast cu aceste precepte morale, cu toate obiceiurile care implică asta, este de înțeles.

În același timp, orice persoană care a încercat să-și schimbe obiceiurile știe că nu este ușor de realizat, deci orice persoană matură din această generație care, urmând logica ce pleacă de la a vedea societatea umană ca un organism, caută să-și schimbe obiceiurile pentru ca ele să cadă de acord cu aceste precepte morale este de lăudat; nu cei care vor rămâne la obiceiurile vechi sunt de condamnat, chiar dacă sunt în contrast cu aceste concluzii. Este natura umană să rămâi alături de ceea ce știi. Va fi mai ușor pentru următoarele generații să cântărească valoarea acestor concluzii dintr-un unghi obiectiv, pentru că vor putea să le întâlnească înainte de a dobândi obiceiuri care stau în contrast cu aceste precepte morale.

## Capitolul VII. Concluzii

Deci, cum am putea sumariza cel mai bine această analiză?

Să începem cu conștiența. Spus simplu, conștiența ta este compusă din elementele informaționale - gânduri, idei, sentimente, senzații - sintetizate de către celulele tale nervoase și rețelele de celule nervoase pe care ele se concentrează în mod colectiv, similar cu elementele informaționale sintetizate de către oameni - cărți, video-uri, melodii, etc. care devin foarte populare în societatea umană. Aceasta este teoria cunoașterii-împreună a conștienței. De aici, o știință a conștienței poate fi formată prin studierea elementelor populare din societatea umană și conexiunea lor cu oamenii ce trăiesc în societatea umană, și juxtapunând acest studiu cu analiza gândurilor, ideilor, sentimentelor, senzațiilor care apar în conștiența fiecăruia dintre noi, și conexiunea lor cu celulele nervoase și rețelele de celule nervoase individuale.

Cât despre moralitate, tu ești conștiența unui organism - corpului tău uman - a căror gânduri și acțiuni se nasc din acțiunile, interacțiunile, alegerile unităților sale de bază - celulelor tale; Și în același timp, tu ești o unitate de bază în alt organism - societatea umană - unde acțiunile, interacțiunile, contribuțiile, alegerile tale dau naștere și influențează gândurile și acțiunile conștiente ale acestui organism.

De aici, două principii morale fundamentale pot fi extrase: Fă pentru vecinul tău ceea ce ai vrea ca fiecare celulă din corpul tău să facă pentru celulele sale vecine, și fă pentru atenția colectivă a oamenilor ceea ce ai vrea ca celulele din corpul tău să facă pentru conștiența corpului tău, pentru că, spus simplu, tu ești pentru societatea umană ceea ce o celulă din corpul tău este pentru tine.

Legat de evoluție, par să existe motive serioase pentru a crede că evoluția multicelulară este condusă în mare parte de mutații teleologice dezvoltate de celule și sculptate de selecția naturală, dar mai important, am ajuns la concluzia că societatea umană este un organism multizoa, primul organism de felul său, și că organismele multizoa ar putea să evolueze de-al lungul generațiilor lor la fel cum au făcut-o organismele multicelulare. Dar pentru ca asta să se întâmple, societatea noastră umană ar trebui să-și dezvolte abilitatea de a reproduce. De fapt, acesta pare să fie examenul pe care natura l-a pus în fața organismului nostru multizoa: Putem noi, ca unitățile de bază și rețelele de unități de bază al acestui organism, să învățăm cum să cooperăm în timp util pentru a dezvolta capacitatea acestui organism de a se reproduce? Este un examen greu, dar beneficiile absolvirii lui sunt incomensurabile, pentru că dacă vom reuși vom deveni primul membru dintr-un arbore filogenetic multizoa care ar putea să se extindă în eternitate.

Toate neînțelegerile umane par să pălească în comparație cu acest scop, nu-i așa?

Dar aceasta nu este genul de sarcină care să fie preluată de câteva minți luminate, ci de o grămadă de minți luminate. Sau spus altfel, nu de o conștiență multizoa abia născută, ci de o conștiență multizoa sănătoasă, matură, care a câștigat ceva experiență legat de cum să gândească soluții la probleme complexe și cum să le implementeze. Și pentru ca o astfel de conștiență multizoa sănătoasă, matură să-și facă apariția, ar trebui să începem cu lucrurile de bază - a asigura oamenilor din toată societatea umană necesitățile lor de bază într-un mod sustenabil și necondiționat este un bun început - și să stabilim fundamentul peste care poate fi construită.

Și dacă într-adevăr vom reuși să dezvoltăm sistemul de reproducție al societății umane, poate n-o să ajungem să fim organismul multizoa care explică originea universului, sau organismul multizoa care inventează călătoria spațială interstelară instantă, sau organismul multizoa care inventează moduri de transport organice, dar am avea cu siguranță un loc de onoare în filogenia organismelor multizoa prin cel puțin trei realizări:
1. Primul organism multizoa care a apărut în natură. 2. Oferirea oamenilor din toată societatea umană cu necesitățile lor de bază într-un mod eficient și 3. Dezvoltarea capacității organismelor multizoa de a se reproduce.

Și-acum, pentru a încheia pe o altă notă, mai există un motiv logic pentru care o persoană ar trebui să ajute societatea umană ca un tot unitar să prospere, și acel motiv e reciprocitatea. Vezi tu, orice obții din societatea umană, fie că este vorba despre mașini, cuvinte, haine, idei, ele vin de la oamenii din jurul tău. Dar fiecare din aceste lucruri, oricât de simplu ar părea, a fost modelat de mințile și mâinile a nenumărați oameni ce au trăit de-al lungul timpului în societatea umană pentru a ajunge la forma sa actuală. O mașină de exemplu a fost dezvoltată de nenumărați oameni. Un cuvânt nou e foarte probabil să-și aibă originea în alte limbi. Designer-ul unui articol de îmbrăcăminte cumpărat s-a inspirat de la alți designeri, a folosit materialele făcute de alții, și-așa mai departe. Ideea e că niciun singur om nu a făcut lucrurile pe care noi le prețuim cel mai mult, fie că este vorba de poeziile compuse prin punerea laolaltă a cuvintelor, sau mașini construite prin modelarea metalului - o perspectivă mai corectă este cea care spune că fiecare element pe care-l avem la dispoziție de la oameni a fost făcut de societatea umană ca un tot unitar.

Și-acum, să asumăm faptul că orice obții în mod voit din societatea umană cauți să-l obții pentru că te face fericit, pentru că duce la o senzație de bunăstare direct sau indirect - fie că e vorba de un joc video, de o carte, o mașină, o melodie. Dar dacă acea fericire și bunăstare a fost posibilă datorită societății umane ca un tot unitar, nu ar trebui să răsplătești aceste sentimente cu echivalentul lor, contribuind când se poate la fericirea și bunăstarea organismului care e societatea umană? Ceva de gândit.

# Partea a doua: Lucrări

## Nota Autorului

Așa cum a fost menționat în introducere, a doua parte a cărții este formata dintr-o serie de lucrări - mai exact, 4 - cu titluri sugestive.

Primele trei sunt lucrări-surori, în sensul ca fiecare din ele construiește pe fundația formată din conceptele dezvăluite în lucrarea de dinaintea sa. Pentru ca au fost considerate pentru publicație separat, o prefață a fost scrisă în ultimele două lucrări din cele trei care conține citate din prima lucrare, pentru a introduce cititorului conceptele cruciale pe care le-a formulat. După ce am luat în considerare toți factorii, am decis să păstrez prefața în amândouă, pentru ca oricine ar vrea să citească doar una din lucrări să poate să o facă fără prea multe bătăi de cap. Mai mult, astfel, dacă cineva ar dori, ar putea să rupă din carte paginile care conțin numai o singură lucrare, și totuși să înțeleagă conținutul ei. (Deși motivul pentru care oricine ar vrea să facă asta este necunoscut). Dacă în schimb citiți lucrările în ordinea în care au fost introduse în carte (ceea ce e recomandat), puteți sări peste prefață dacă doriți.

A patra lucrare, "Este societatea umană un organism multizoa?" e de sine stătătoare. A fost inclusă pentru că conceptul de organisme multizoa, deși esențial în a înțelege toate celelalte idei exprimate în această carte, a fost tratat relativ puțin în restul paginilor. Este o lucrare scurtă, de 10 pagini, simplă de înțeles, dar cu toate acestea consider că aduce idei substanțiale topicului.

Fiecare lucrare din cele patru pătrunde mai adânc în subiectul său particular decât prima parte a cărții, și deci multe din lucrurile despre care s-a vorbit în prima parte vor fi repetate în aceste lucrări, deși poate dintr-o perspectivă diferită și suplimentate cu alte idei. Scopul e ca citind atât prima parte cât și a doua parte a cărții, luând în considerare diferitele abordări, cititorul să ajungă să fie destul de familiarizat cu conceptele pe care această carte le întreține.

# POT GÂNDURILE CONȘTIENTE SĂ FIE CONSIDERATE "OPERE DE ARTĂ" CREATE DE CELULE, LA FEL CUM FILMELE, CĂRȚILE, JOCURILE VIDEO SUNT OPERE DE ARTĂ CREATE DE OAMENI?

Principala paradigmă științifică când vine vorba de gânduri este că ele sunt tipare electrochimice ce se nasc din activitatea celulelor nervoase în creier[1], o definiție care (deși nu greșită în sine) nu este foarte revelatoare când vine vorba despre modul în care activitatea celulelor individuale și rețelelor mici de celule sunt conectate cu conștiența. În această lucrare se va argumenta teoria că gândurile unei persoane sunt de fapt elemente (e.g. anumite idei, sunete, imagini, etc.) realizate de către celulele și rețelele de celule nervoase ale unei persoane care au calitățile necesare să atragă atenția colectivă a acestor celule și rețele de celule, într-un mod nu foarte diferit de modul în care unele din cărțile, filmele, melodiile realizate de către oameni în societatea umană sunt citite\vizionate\ascultate de oameni din toată societatea umană și deci devin binecunoscute, populare; De-al lungul lucrării vom aduce dovezi pentru această teză, vom adresa potențiale obiecții, și apoi vom arăta cum această nouă abordare a naturii gândurilor descifrează câteva din nedumeririle fundamentale care apar în domeniul de studiu al conștienței.

---

[1] Elizabeth Dougherty. (April 26, 2011). What Are Thoughts Made Of? Retrieved from http://engineering.mit.edu/ ask/what-are-thoughts-made

# I. Introducere

Pentru mult timp după ce microscoapele le-au permis descoperirea, celulele au fost în general privite ca nu mai mult decât niște simple mașinării, sau in cel mai bun caz fabrici moleculare.[2]

Dar odată cu îmbunătățirea continuă a designului microscoapelor, a metodelor de înregistrare a activităților celulelor și a tehnicilor de colorare a celulelor, s-a ajuns tot mai mult la concluzia începând cu sfârșitul secolului douăzeci că celulele (în această lucrare punem accent pe celulele nervoase), sunt de fapt niște entități unice, independente, de multe ori imprevizibile. Dovezi în favoarea acestei teorii pot fi găsite astăzi în cât de variate și complexe se consideră metodele de comunicare dintre celule[3], numărul substanțial de noi tipuri de celule nervoase care sunt descoperite[4], paleta crescândă de factori care învățăm că influențează acțiunile celulelor,[5] etc. (Pentru mai multe despre asta, poate fi vizitat blogul excelent pe acest subiect al lui Jon Lieff.[6])

Acum, celulele sunt mult mai mici decât oamenii. În același timp, celulele se mișcă mult mai rapid decât oamenii (din nou, punem

---

[2] Vezi Edwin W. Taylor, Thomas D. Pollard (Feb 2001) *E.B. Wilson Lecture: The Cell as Molecular Machine* pentru un exemplu. Preluat de la http://www.ncbi.nlm.nih.gov/pmc/articles/PMC30940/
[3] Jon Lieff (September 21, 2014 )*The Remarkable Language of Cells*. Retrieved from http://jonlieffmd.com/ blog/the-remarkable-language-of-cells
[4] Jon Lieff (October 12, 2014 ) *How Many Different Kinds of Neurons Are There*. Retrieved from http://jonlieffmd.com/blog/how-many-different-kinds-of-neurons-are-there
[5] Jon Lieff (October 19, 2014 ) *Does Activity Determine Synaptic Creation and Pruning* Retrieved from http://jonlieffmd.com/blog/does-activity-determine-synaptic-creation-and-pruning
[6] http://jonlieffmd.com/

accent pe celulele nervoase, care este documentat că pot transmite peste o sută de impulsuri nervoase în fiecare secundă) - dar asta e adevărat numai dacă interpretăm lucrurile din perspectiva noastră umană. Nu înseamnă că celulele sunt mici, sau că se mișcă foarte rapid din perspectiva unei celule - de fapt, având în vedere faptul că activitatea și comunicarea celulară trebuie să fie foarte precise în ciuda zonei microscopice în care se desfășoară și a vitezei lor impresionante din punct de vedere uman, dovezile indică contrariul. Ne vom întoarce la tema relativității timpului de-al lungul lucrării, dar de dragul argumentului, întreține această presupunere începând din acest punct: Că o zi ce trece din perspectiva unui om poate fi egală cu trecerea unui an din perspectiva unei celule. (Din nou, accentul este pe celule nervoase.)

O schimbare în paradigmă legat de gânduri: Așa cum a fost menționat în abstractul lucrării, gândurile au fost tradițional definite ca tipare de activitate electrochimică ce au loc în creier, teorie care (deși nu greșită în sine) nu dezvăluie prea multe despre modul în care activitatea celulelor individuale și rețelelor de celule sunt conectate cu conștiența. Dar noi acum întreținem ideea conturată în primul paragraf care spune că celulele sunt entități unice, independente, de multe ori imprevizibile[7], și ideea conturată în al doilea paragraf care spune că o zi ce trece din perspectiva unui om poate fi echivalentul unui an din perspectiva unei celule. Și atunci, să ne punem întrebarea:

**Dacă gândurile sunt elemente sintetizate[8] de către celule și rețele de celule sistemul nervos al unei persoane, cam ca și felul în care**

---

[7] Asta în schimb nu ar trebui să fie interpretat ca însemnând faptul că celulele sunt individualiste în același mod în care sunt oamenii - evident că nu sunt. Acest subiect va fi adresat în capitolul VI al acestei lucrări.

[8] Prin termenul „sintetizare" a se înțelege de-al lungul lucrării "creere prin punerea laolaltă a informației si obiectelor din jur." O mașină de exemplu este

**cărțile și filmele sunt elemente sintetizate de către oameni în societatea umană?** Și dacă acele gânduri care apar în conștienţa unei persoane sunt de fapt elementele sintetizate de către celule\rețele de celule din sistemul nervos al acelei persoane care atrag atenţia lor colectivă? Într-un mod similar cu modul în care anumite filme, melodii, cărți (video-uri cu pisici care cântă la pian....practic, orice element a cărui esență se găsește în informația pe care o poartă și nu în baza sa fizică) sintetizate de către oameni în societatea umană au calitățile necesare să atragă atenția colectivă a oamenilor, adică să devină foarte populare.

În următorul capitol, vom începe să oferim niște dovezi intrigante pentru această teorie. După aceea, vom adresa un posibil contraargument, și apoi vom continua să întărim validitatea acestei perspective cu ajutorul unui experiment de gândire care va produce o serie de analogii informative.

## II. Efectul Atenţiei Colective

O importantă sursă de dovezi ce susține această abordare a conștienței formulată în capitolul trecut se găsește în faptul că atunci când ceva atrage atenția colectivă a oamenilor (i.e. devine foarte popular), elemente care sunt legate de acel ceva pot apărea în atenția lor colectivă după aceea ca și rezultat, ceea ce e similar cu unul din efectele fundamentale ale concentrării conștienței umane: Când un om se concentrează în mod conștient asupra a ceva, acel

---

sintetizată de oameni prin punerea laolaltă a pieselor sale, o carte este sintetizată prin punerea laolaltă a unor felurite cuvinte si idei, un gând este sintetizat de celule prin punerea laolaltă a informației ce se găsește in creier, etc.

om poate observa apoi gânduri\elemente care sunt legate de acel ceva făcându-și apariția în conștiența sa.

Să analizăm acest subiect mai în detaliu: Atunci când te gândești la ceva, găsești elemente sintetizate de către celulele tale - idei creative, sentimente, imagini - care sunt legate de obiectul tău de atenție făcându-și loc în conștiența ta. De exemplu, soluțiile care pot apărea atunci când începi să te gândești în mod conștient la o problemă.

Având in vedere asta, ce se întâmplă atunci când oamenii se concentrează pe ceva în mod colectiv? Păi noi elemente care sunt legate de acel ceva sunt sintetizate de oameni din toată societatea umană. De exemplu un film foarte popular poate duce la articole intrigante, postări de blog, artă făcută de fani, episoade de talk show-uri, documentare, seriale cu temă inspirată din film. Apoi unele din aceste elemente ar putea avea calitățile necesare - ar putea fi destul de folositoare, de relevante, de perspicace, de interesante pentru a fi asimilate de un mare număr de oameni și deci de a apărea în atenția lor colectivă, repornind procesul descris mai sus. Să luăm de exemplu M*A*S*H. Acest film de succes cu 5 nominalizări la Oscar (ce-și trage originea dintr-o o carte de nu așa mare succes) a inspirat sintetizarea unei serie TV cu același nume, care a întrecut în popularitate filmul inițial. De fapt, a devenit atât de popular încât ultimul episod al serialului a avut cel mai mare rating dintre toate finalurile de seriale până în acele timpului (1983). Există de asemenea exemple de cărți cunoscute ce au inspirat sintetizarea de filme[9], filme ce au inspirat sintetizarea de cărți[10], filme ce au inspirat sintetizarea de melodii[11], jocuri video ce

---

[9] Seria de filme Hunger Games inspirată de cărțile ce poarte același nume.
[10] Cartea Matrix și Filozofia inspirată de seria de filme Matrix.
[11] Vanessa Calrton - Ordinary Day inspirată de filmul Peter Pan produs de Disney.

au inspirat sintetizarea de filme[12], lucrări academice ce au inspirat sintetizarea de desene[13], etc. și unele din rezultatele acestor inspirații au devenit mai cunoscute decât elementele care le-au inspirat. Asta nu este foarte diferit de modul în care, dacă vă căutați prin memorie, veți găsi cu siguranță exemple de sentimente trăite conștient inspirând apariția unor cuvinte în conștiența dumneavoastră, cuvinte unor sentimente, imagini unor cuvinte, cuvinte unor imagini, sunete unor imagini, și-așa mai departe.

Deci, ca rezumat, atunci când oamenii se concentrează asupra a ceva în mod colectiv, elemente legate de acel ceva pot apărea în atenția lor colectivă ca rezultat, așa cum se întâmplă cu gândurile\elementele care apar în conștiența unui om. Și dacă ar fi să juxtapunem aceste două fenomene, motivul pentru care atunci când un om se concentrează conștient asupra a ceva, elemente (gânduri, sentimente, senzații) ce sunt conectate de acel ceva apar în conștiența sa este pentru că celulele și rețelele de celule nervoase din sistemul său nervos sintetizează elemente care sunt legate de acel obiect de atenție, și unele dintre acele elemente au calitățile necesare să atragă atenția lor colectivă și deci să apară în conștiența persoanei.

Această teorie este de asemenea în concordanță cu una dintre cele mai bine stabilite premise științifice când vine vorba de conștiență: Că în loc să fie produsul unei singure zone a creierului, procesele conștientului sunt decentralizate, și conștiența se naște

---

[12] Fimul Prințul din Persia: Nisipurile Timpului inspirat de seria de jocuri video Prințul din persia
[13] Desene inspirate de lucrarea academică a lui Thomas Nagel: "Cum este să fi un liliac?"

din interacțiunile ce au loc între celulele nervoase și rețelele de celule care se găsesc de-al lungul sistemului nervos.[14]

# III. Trecerea Timpului

Unul din motivele pentru care ar putea să fie ciudat ca gândurile să fie considerate "elemente sintetizate de către celulele unui om" este pentru că din perspectiva ta, gândurile tale pot de multe ori să pară că se nasc practic instant ca răspuns la obiectul tău de atenție (de exemplu, o soluție potențială la o problemă pe care tocmai ai întâlnit-o poate să iasă la suprafața conștientului tău la numai câteva momente după ce ai luat în considerare problema în cauză) sau la schimbări în mediul tău, și deci pare că nu există timp pentru ca un proces direcționat de sintetizare să stea în spatele dezvoltării gândurilor. De aceea întreținerea ideii că timpul se poate mișca mult mai încet din perspectiva unei celule este importantă: Pentru că asta ne scapă de viziunea antropocentrică a trecerii timpului, și explică cum este posibil ca un gând să pară că iese la suprafață instant din perspectiva conștienței unui om, și în același timp să fie ceva nu foarte departe de o operă de artă realizată cu răbdare de către celulele acelui om.

Pentru conștiența ta, gândurile par să-și facă apariția foarte rapid pentru că practic conștiența ta *este* acele gânduri, și deci viteza cu care ele ies la suprafața conștienței este viteza cu care tu poți gândi.

---

[14] Bernard J. Baars *et al (2003)* Brain, Conscious Experience And The Observing Self.

# IV. Experiment De Gândire: Extratereștrii De Știință

Bazându-ne pe punctele care au fost atinse până acum, putem întreține posibilitatea că **atenția conștientă a unui om este practic compusă din elementele sintetizate de către celulele nervoase și rețelele de celule nervoase ale acelui om care au calitățile necesare să atragă atenția lor colectivă** (e.g. anumite idei, sentimente, senzații, etc.), **și că această atenție conștientă nu este foarte diferită în natură de atenția colectivă a oamenilor din societatea umană**, care este practic compusă din elementele sintetizate de oameni și rețele de oameni (e.g. melodii, cărți, filme...orice elemente a cărei esență se găsește în informația pe care o transmite, și nu în baza sa fizică) care au calitățile necesare să devină foarte populare. Aceasta este teoria cunoașterii-împreună a conștienței.

Dar putem oferi și alte dovezi în favoarea acestei teorii? Pentru a adresa această întrebare, întrețineți următorul experiment de gândire:

Imaginați-vă că un grup de extratereștrii foarte mari (fiecare dintre ei având aproximativ mărimea planetei noastre), și în același timp foarte înceți (pentru care un an uman ar fi echivalentul ca și durată de timp a unei singure zile), călătoresc printre galaxii, când la un moment dat naveta lor spațială semnalează o "fluorescență ciudată" emanată de pe suprafața unei planete pe lângă care trec. Drept consecință, pe cât sunt de mari, ei se apropie de această planetă - care, desigur, e de fapt Terra - și neașteptat, descoperă societatea noastră umană crescând pe suprafața ei. De asemenea, imaginați-vă că este pentru prima oară când ei descoperă ceva de genul acesta de-al lungul întregii lor istorie de explorare spațială. Ei sunt de fapt niște ființe extrem de diferite de noi. În situația lor, cum ar defini acești extraterestrii societatea umană? Din perspectiva lor (care e așa de mare și așa de...înceată) ei ar vedea societatea umană ca un tot unitar - ca un fel de ciupercă sau un mușchi întins de-a lungul suprafeței Pământului (nu foarte diferit de modul în care o persoană vede corpul uman ca un tot unitar, deși noi știm că acel corp este de fapt format din celule.) Chiar dacă ei s-ar uita la societatea umană, acești extraterestrii nu ar putea percepe oamenii individual la început, pentru că pentru ei oamenii ar fi de o mărime microscopică.

Să ne imaginăm în schimb că acestea sunt forme de viață orientate științific, așa că ele ajung să folosească endoscoape, microscoape și-așa mai departe să analizeze această "ființă" ce crește pe suprafața planetei până la structura sa microscopică....și drept urmare descoperă existența oamenilor. După o perioadă serioasă de observație, nu ar ajunge acești extraterestrii de știință să numească oamenii în final unitățile fundamentale din punct de vedere structural și funcțional al societății umane, responsabili de lucruri gen metabolismul societății umane, creșterea corpului său, etc. la fel cum noi definim celula ca și unitatea fundamentală din punct de vedere structural și funcțional al corpului uman? Din perspectiva lor, probabil că da.

Dar în același timp, nu ar avea acești extraterestrii imenși și înceți o viziune foarte simplistă despre oameni din cauza informației limitate pe care ei (și instrumentele lor) ar putea să le recepteze din acțiunea umană complexă, din cauza diferenței în mărime și viteză dintre noi și ei? De exemplu, ei nu ar putea să decodeze comunicarea verbală umană. Un monolog susținut de o persoană timp de o oră ar fi compresat în spațiu și în timp pentru extraterestrii de știință într-un scurt moment...un "impuls de sunet" cel mult, și asta dacă instrumentele lor ar fi echipate să recepteze comunicarea verbală umană chiar și-atât. Această situație nu e foarte diferită de felul în care noi interpretăm interacțiunile electrice\electrochimice dintre celulele nervoase ca fiind "impulsuri nervoase", și nu vorbire celulară sau ceva de o asemenea complexitate. Cu alte cuvinte, perspectiva extratereștrilor de știință începe să devină foarte similară cu perspectiva noastră umană când vine vorba de celule.

Acum, să ne întoarcem la ideea că conștiența umană este similară cu atenția colectivă a oamenilor. Să zicem că extratereștrii de știință reușesc să dezvolte un dispozitiv imagistic pentru societatea umană care le permite să urmărească măsura în care un element sintetizat de oameni circulă de-al lungul societății umane (carte, film, melodie mp3, etc...), deși ei nu ar putea decoda conținutul acestui element. Cum ar percepe ei de exemplu distribuția unei cărți care devine foarte cunoscută în societatea umană de la începutul călătoriei ei, la momentul în care acea călătorie își atinge apogeul, până la sfârșitul ei? Păi din perspectiva mărimii și vitezei lor, extratereștrii probabil ar vedea-o ca un val de activitate care pornește ca ceva mic (din locul în care e inițial începută distribuția cărții), și care apoi se extinde în toată societatea umană (cu cât este citită de tot mai mulți oameni, împărtășită, etc.). Într-un mod similar, în prezent, una dintre cele mai bine-documentate și stabile corelate neuronale ale conștienței este faptul că atunci când un gând devine conștient, dispozitive imagistice ale creierului (ca de exemplu fMRI-ul și MEG-ul) înregistrează un val masiv de activitate care se deplasează în tot creierul[15], cam la fel cu modul în care extratereștrii de știință ar înregistra propriul lor "val de activitate" în societatea umană în timp

---

[15] Stanislas Dahene, *Consciousness and the Brain: Deciphering How the Brain Codes Our Thoughts*.

ce cartea ar deveni tot mai populară. Mai mult, din perspectiva extratereștrilor de știință, cu mărimea și viteza lor, acest val de activitate ce ar circula în societatea umană ar fi perceput ca desfășurându-se destul de rapid, un fenomen nu diferit de modul în oamenii de știință percep un val de activitate care circulă în creier atunci când un gând devine conștient ca fiind foarte rapid. Și aceasta-i doar un o sursă de dovezi care sugerează cât de multe similitudini cuprinde juxtapunerea dintre conștiența omului și atenția colectivă a oamenilor.

# V. Potența Analogiei

Poate fi argumentat că există mai multe analogii similare cu cea dintre extratereștrii de știință și oameni descrisă în capitolul IV, și că s-a dovedit de multe ori că ele au limite. De exemplu, electronii ce orbitează nucleul unui atom au fost deseori comparați cu planetele care orbitează soarele, comparând astfel sistemul solar cu atomii, dar aceste două sisteme se deosebesc una de cealăltă de un număr mare de diferențe care ies în evidență la o inspecție mai amănunțită.

Cu toate acestea, asta nu înseamnă că unele analogii nu dezvăluie mai multe (i.e. nu sunt mai fidele obiectului cu care se face analogia)decât altele. Pentru a ilustra potența analogiei dintre relația extratereștrilor de știință cu un om și relația unui om cu o celulă, imaginați-vă că extratereștrii de știință decid să trimită un asteroid înspre Pământ de la o distanță destul de mare pentru a emula un scenariu natural, ca mai apoi ei să stea deoparte și să înregistreze rezultatele. Și să zicem că astronomii noștri observă asteroidul în timp util, și că în final decidem să trimitem o rachetă pentru a neutraliza obiectul periculos. Nu ar interpreta extratereștrii de știință trimiterea rachetei ca și **acțiunea societății umane** din cauza mărimii și vitezei lor, și nu rezultatul a nenumărați oameni care ar fi implicați într-o astfel de operațiune defensivă? Și nu este similar cu modul în care de exemplu noi interpretăm prinderea unei mingi în timpul unui meci de sport ca acțiunea persoanei care a prins-o, deși noi știm că corpul acelei persoane este de fapt format din nenumărate celule, care acționează în unison pentru a prinde mingea? Este pur și simplu natural din perspectiva mărimii și vitezei umane să se interpreteze lucrurile în acest mod în al doilea caz, la fel cum este natural din perspectiva mărimii și vitezei extratereștrilor de știință să se interpreteze trimiterea rachetei ca și acțiunea societății umane.[16]

## VI. Aberația Homunculului

Așa cum a fost menționat, din cauza diferenței în mărime și viteză dintre ei și oameni, extratereștrii de știință ar interpreta lansarea rachetei din interiorul societății umane pentru a distruge asteroidul pe care ei l-au aruncat înspre Pământ ca și **acțiunea societății umane,** și nu rezultatul muncii nenumăraților oameni care ar fi implicați în această operațiune defensivă...Ar fi natural pentru ei să interpreteze lucrurile astfel. Și să zicem că în final, racheta își atinge ținta și distruge asteroidul. Cum ar interpreta extratereștrii de știință acest succes? Păi ar putea ajunge la concluzia că organismul care e societatea umană recunoaște mediul său înconjurător și este capabil să acționeze pe baza a ceea ce percepe. Cu alte cuvinte, ei

---

[16] O descriere mai amănunțită al experimentului de gândire cu extratereștrii de știință și ale variatelor sale utilizări, cât și o explicație a motivului pentru care este o analogie așa de potentă pentru relației omului cu o celulă poate fi găsită în cartea *In Principio Res* de Narcis Marincat (2014), de unde această lucrare își trage inspirația.

ar putea să concludeze că acest organism care crește pe suprafața Pământului este conștient într-o anumită măsură, deși din perspectiva lor ei nu ar putea să zică cum se naște această conștiență din activitățile individuale ale oamenilor.

Dar în același timp, ar zice cineva că societatea umană, atunci când e privită din perspectiva extratereștrilor de știință este conștientă în același fel în care noi considerăm un om să fie conștient? Desigur că nu, și prin teoria cunoașterii-împreună a conștienței putem indica diferențele dintre cele doua tipuri de conștiențe. De exemplu, elementele care și-ar face apariția în atenția colectivă a oamenilor[17] pentru a mobiliza acțiunile lor coordonate în timpul răspunsului defensiv împotriva asteroidului ar fi cărți, articole de știri, documentare, ordine de operațiuni militare - pe scurt, elementele care pot fi sintetizate de oameni și rețele de oameni. Pe de altă parte, elementele care apar în atenția colectivă a celulelor unui om (i.e. în conștiența acelui om) pentru a mobiliza acțiunea lor coordonată în timpul prinderii mingii ar fi imagini, idei, poate sunete imaginate - cu alte cuvinte, elemente care pot fi sintetizate de către celule și rețele de celule.

Acestea fiind spuse, afirmația că celulele sunt "entități unice, independente,de multe ori imprevizibile" nu ar trebui să fie înțeleasă ca însemnând ceva de genul că celulele sunt conștiente, cel puțin nu în același fel în care ființele umane sunt conștiente.[18] Elementele sintetizate de către celule și rețelele de celule care apar in atenția lor colectivă\atenția conștientă a omului sunt cele care

---

[17] i.e. ceea ce din perspectiva extratereștrilor de știință ar putea fi considerată atenția conștientă a societății umane.

[18] Mai degrabă, ar trebui să fie înțeleasă în primul rând ca însemnând faptul că celulele sunt capabile de acțiunile pe care investigațiile științifice moderne au arătat că le pot face, așa cum a fost exemplificat în link-urile furnizate în notele de subsol al primului paragraf.

pot fi sintetizate de către celule, pe când elementele care circulă înăuntrul celulei și care putem specula că pot să apară în atenția colectivă a unităților de bază ale celulei (moleculele) sunt cele care pot fi sintetizate de molecule și rețelele de molecule[19], și acesta din urmă sunt probabil mult mai simple, sau cel puțin de o natură foarte diferită față de cele dintâi.

Această explicație a fost făcută pentru a respinge din start posibilitatea că această teorie a conștienței este un exemplu de "aberație a homuncului" sau mai exact de "eroarea logică a homuncului". [eroarea logică a homuncului definește un fenomen chiar prin fenomenul care încearcă să-l explice. Cu alte cuvinte argumentele homunculare sunt eronate pentru același motiv pentru care rețeta unui tort care listează ca una din ingredientele sale "tort" nu poate fi considerată o rețetă reală.[20]]

Cu toate acestea, în cazul acestei explicații pentru originea gândurilor, mai degrabă decât să fie vorba de o situație în care cineva spune că unul din ingredientele pentru coacerea unui tort este 'tort', este mai mult vorba despre o situație în care unul din ingrediente este extras din natură și nu poate fi produs sintetic, cel puțin nu la aceeași calitate - care nu știm cum este produs - ceea ce se întâmplă tot timpul la rețete.

---

[19] Din nou, este vorba despre elementele care au ca esență informația care o poartă și nu baza lor fizică.
[20] În engleză este numit "The homunculus fallacy". Pentru cei care nu sunt familiari cu termenul, o căutare rapidă pe internet poate să ofere un număr de definiții mai detaliate.

# VII. Adresarea Diferențelor Fundamentale Dintre Gândurile Conștiente Umane Și Elementele Sintetizate de Oameni

O obiecție ce poate fi adusă acestei teorii a conștienței este de a indica faptul că gândurile conștiente umane (e.g. idei, sunete, imagini) sunt foarte diferite în câteva dintre caracteristicile lor de bază, fundamentale față de elementele sintetizate de oameni care pot să apară în atenția noastră colectivă (e.g. filme, cărți, articole de știri). De exemplu, gândurile noastre conștiente par vii și independente de celulele noastre individuale, caracteristică ce stă în contrast cu orice care pare să se dezvolte din interacțiunile umane în relație cu oamenii individuali.

Altă diferență importantă este că gândurile noastre conștiente emană un sens de unitate la persoana întâi în relație cu mintea și corpul în care aceste gânduri circulă. Asta e cel mai evident în folosirea pronumelui personal în elementele care apar în conștiența fiecăruia dintre noi, ca de exemplu "eu", "al meu", etc. (e.g. Eu ar trebui să fac asta; Asta e ce cred eu; Eu mă simt bine; Pielea mea; Părul meu.) Pe de altă parte, societatea umană este cel mai des numită folosind apelative la persoana a IIIa în elementele sintetizate de către oameni care apar în atenția noastră colectivă - asta atunci când este menționată in vreun fel ca un tot. (De exemplu documentare\cărți care discută societatea umană tind să se refere la societatea umană cu impersonalul "societatea umană", deși ele sunt elemente care ar putea să apară în atenția colectivă a oamenilor, unde efectul lor ar putea fi înțeles ca "societatea umană gândindu-se la ea însăși".)

În acest capitol, vom adresa potențialele cauze pentru aceste (și alte) diferențe în caracteristicile fundamentale dintre gândurile sintetizate de către celulele care apar în conștiența omului, și elementele sintetizate de oameni care devin foarte populare în societatea umană.

Pentru început, imaginați-vă din nou modul în care societatea umană arată din perspectiva extratereștrilor de știință. Privește-o ca un organism care crește pe suprafața planetei. Ar arăta ca un organism, desigur, dar este ea un organism multicelular? Nu, un organism multicelular este prin definiție unul a cărui unități fundamentale din punct de vedere structural și funcțional sunt celulele. Atunci ce fel de organism este societatea umană? Păi dacă un organism *multicelular* este un organism a cărui unități fundamentale din punct de vedere structural și funcțional sunt celulele, atunci să definim organismele a căror unități fundamentale din punct de vedere structural și funcțional sunt organismele multicelulare ca fiind organisme multi*zoa*.[21]

Să ne uităm deci la societatea umană ca fiind un organism multizoa. Ce poate fi spus despre el? O primă concluzie interesantă care se prezintă este că societatea umană este un organism care s-a format prin auto-organizare, primul de felul său. El nu are niciun părinte. Asta stă în contrast cu orice organism multizoa similar cu societatea umană care ar putea să apară pe viitor, pentru că și-ar putea trasa originile la societatea umană. De exemplu, dacă ar fi să dezvoltăm capacitatea călătoriilor interstelare, coloniile pe care le-am stabili pe alte planete ar apărea printr-un proces care poate fi numit reproducție multizoa din perspectiva extratereștrilor de

---

[21] Zoia vine din greacă și înseamnă "animale".

știință. Și relația dintre societatea umană și orice organism multizoa care și-ar trage descendența din ea ar fi foarte asemănătoare cu relația dintre prima celulă care a apărut în natură (numită protocelula de oamenii de știință) și toate celelalte celule care s-au descins din ea prin reproducție; Sau relația dintre primul organism multicelular, și toate celelalte organisme multicelulare care i-au fost descendente.

Acum, a fost primul organism multicelular conștient în același fel în care un om din ziua de azi e conștient? Desigur că nu. Conștiența a evoluat de-al lungul multor generații multicelulare pentru a ajunge la nivelul la care este astăzi, așa că putem spune că conștiența acelui prim organism multicelular - dacă ar fi să o numim conștiență - ar fi fost primitivă în comparație cu conștiența oamenilor ce trăiesc în prezent.[22] În concluzie, putem extrapola că elementele care apar în atenția colectivă a oamenilor ce locuiesc în societatea umană astăzi (cărți, filme, articole de știri, etc.) sunt probabil primitive în comparație cu elementele care vor apărea în atenția colectivă a oamenilor care vor locui în oricare descendent multizoa al societății umane.

Acestea fiind spuse, trei factori ies în evidență ca motive pentru care câteva din caracteristicile fundamentale ale elementelor sintetizate de celulele umane dintr-un corp uman care ies în atenția lor colectivă (gânduri conștiente umane) sunt diferite de caracteristicile fundamentale al elementelor sintetizate de oamenii din societatea umană care apar în atenția lor colectivă:

---

[22] Bazându-ne pe analiza pe care am făcut-o în această lucrare, putem să o formulăm diferit și să spunem că elementele sintetizate de către celulele acelui prim organism multicelular, elemente care au apărut în atenția colectivă ale acelor celule ar fi fost primitive în comparație cu elementele care sunt sintetizate de către celulele oamenilor care trăiesc în prezent, elemente care apar în atenția colectivă a acestor celule existente. (Adică în conștiența omului.)

1. Faptul că societatea umană este un organism protomultizoa, și deci elementele care în prezent apar în atenția colectivă a oamenilor ce locuiesc în societatea noastră umană sunt probabil primitive în comparație cu elementele care vor apărea în atenția colectivă a oamenilor ce vor locui în potențialele organisme multizoa descendente din societatea noastră umană.

2. Faptul că societatea umană ca organism multizoa este probabil în stadiile sale inițiale de dezvoltare, și ca și un copil uman, nu își are conștiența dezvoltată complet. (De exemplu, în prezent numai 1/3 din toată populația umană are acces la internet, care este un crucial canal de distribuție al elementelor sintetizate de către oameni a căror esență se găsește în informația pe care o poartă.)

3. Natura diferită a celor doua tipuri de organisme (multicelulare și multizoa) poate însemna că anume categorii generale de elemente există în atenția colectivă a unităților de bază al unui organism multizoa, dar nu în atenția colectivă a unităților de bază al unui organism multicelular (conștiența umană) și vice versa. (Exemplu: Neuronii nu devin celebrități în conștiența umană, pentru că după câte știm, ei nu au un ego.)

Cel mai probabil este că e o combinație a acestor trei factori.

Totuși, ca o speculare despre viitor putem să ne imaginăm documentare, cărți, articole de știri și alte tipuri de elemente sintetizate de către oameni care să se refere la societatea umană folosind un pronume personal la persoana I.[23]

---

[23] Vezi Narcis Marincat, *In Principio Res* pentru un bun exemplu, cât și pentru un raport mai amănunțit al societății umane ca și organism multizoa.

# VIII. Concluzie: Cum Sunt Explicate Procesele Conștiente Ce Au Loc În Timp Real

Din perspectiva acestei teorii a conștienței, în fiecare moment în sistemul tău nervos celule și rețele de celule sintetizează felurite elemente (reflecții, idei, imagini, etc.), și unele dintre ele au calitățile necesare să atragă atenția lor colectivă și deci să apară în conștiența ta, și acestea sunt gândurile tale chiar acum. Și acum. Și acum. Când vei termina de citit această lucrare s-ar putea să te gândești la ea, ceea ce înseamnă că celulele și rețelele de celule din sistemul tău nervos se concentrează în mod colectiv asupra elementelor pe care le-au sintetizat care sunt legate de această lucrare.

Acele elemente pe care celulele\rețelele de celule le sintetizează care nu au calitățile necesare să fie pasate de-al lungul "mediului lor social celular" (prin intermediul proiecțiilor neuronale gen axoni și dendrite) de-al lungul sistemului tău nervos nu apar în atenția lor colectivă\în conștiența ta și deci fac parte din subconștientul tău. Acest fenomen e similar cu modul în care multe din elementele sintetizate de către oameni\rețele de oameni nu apar în atenția noastră colectivă, pentru că nu au calitățile necesare pentru ca noi să le pasăm de-al lungul mediului nostru social individual în timp ce sunt în competiție cu alte elemente (exemplu: un film care nu a fost așa de bun, și deci nu a devenit așa de cunoscut.)

Nu putem capta o imagine a acestor elemente "de din-afară" în timp ce sunt pasate între celule nervoase individuale\rețele de celule mici, indiferent cât de puternice sunt instrumentele noastre științifice, pentru că celulele există la un ordin de magnitudine diferit decât oamenii - unul care în comparație e mult mai mic și mult mai rapid. Dificultatea pe care noi o întâlnim în a determina ce elemente celulele nervoase le transmit între ele este similară cu dificultatea pe care extratereștrii de știință ar întâlni-o în a citi cărțile și a auzi vorbele care sunt pasate între oameni, o sarcină care și în acest caz ar fi incredibil de problematică indiferent de cât de puternice ar fi instrumentele lor științifice.[24]

## IX. Concluzie: Trasarea Legăturii Dintre Activitatea Celulară Și Conștiență

În final, această abordare a naturii gândurilor exprimată în paginile de față oferă o explicație plauzibila a legăturii dintre activitatea celulelor nervoase și conștiența umană prin:

a. Introducerea unui mecanism plauzibil prin care gândurile conștiente sunt formate de către celule\rețele de celule: Sintetizarea elementelor.

b. Explicarea modului în care aceste gânduri trec printr-un proces de selecție și care este acest proces de selecție: Doar acele elemente sintetizate de către celule\rețelele de celule care au calitățile necesare să atragă atenția lor colectivă apar în conștiența unui om; Restul pot fi considerate parte din subconștientul său.

c. Dezvăluirea faptului că există o barieră de mărime și viteză mai mult sau mai puțin impenetrabilă între un om și o celulă individuală care face practic imposibilă posibilitatea ca un om să observe sintetizarea gândurilor în timp real așa cum ea este percepută din perspectiva unei celule: Conștiența umană este simplu spus formată

---

[24] Pentru un tratament adecvat al subiectului, împreună cu o descriere a raționamentului din spatele său, vezi Narcis Marincat (2014) *In Principio Res*, Capitolul VIII, #12

din elementele sintetizate de celule nervoase care le atrag atenția colectivă, ceea ce înseamnă că viteza de gândire a conștienței umane este limitată de viteza de sintetizare și propagare a gândurilor; Deci, conștienţa umană nu poate să observe procesul de sintetizare a gândurilor în sine, pentru că acest proces este mai rapid decât gândirea umană; Dacă e să adăugăm la asta diferenţa în mărime și viteză dintre un om și o celulă, lucru care face spaţiul în care se petrece procesul de sintetizare a gândurilor incredibil de mic din perspectiva unui om, procesul de sintetizare a gândurilor devine practic invizibil din perspectiva umană, dacă nu ar fi dovada existenţei sale în fiecare gând care apare în conștienţa fiecăruia dintre noi.

De aici, o știință a conștienței poate fi formulată prin studierea elementelor populare din societatea umană și conexiunea lor cu oamenii ce trăiesc în societatea umană, și juxtapunând acest studiu cu gândurile, ideile, sentimentele, senzațiile care apar în conștiența fiecăruia dintre noi, și conexiunea lor cu celulele nervoase individuale și rețelele de celule nervoase.

# POT NOILE TRĂSĂTURI BIOLOGICE ALE ORGANISMELOR MULTICELULARE SĂ FIE CONSIDERATE INVENȚII CELULARE, LA FEL CUM MOTORUL CU ABURI, MAȘINA, OBSERVATOARUL ASTRONOMIC SUNT INVENȚII CREATE DE OAMENI?

În mod tradițional, s-a considerat că apariția de noi trăsături biologice în organismele multicelulare (creierul mai mare al mamiferelor, feluritele trăsături fizice ale diferitelor animale) care conduc procesul de macroevoluție își trage originea din mutații aleatorii ce au loc în materialul genetic al organismelor de-al lungul generațiilor multicelulare, deși mecanismul exact prin care se întâmplă asta nu este clar înțeles.[25] Această lucrare susține teoria că astfel de noi trăsături biologice sunt de fapt în mare parte rezultatul contribuțiilor aduse de către celule organismului din care ele fac parte, contribuții care sunt moștenite de către descendenții acestor organisme, într-un mod nu foarte diferit de felul în care dezvoltarea zgârie-norilor, centralelor electrice, sateliților spațiali și observatoarelor astronomice sunt rezultatul contribuțiilor aduse de oameni în societatea umană din care fac parte. De-al lungul acestei

---

[25] Vezi "O disidență științifică de la Darwinism", o listă în continuă creștere de 800 de oameni de știință care sunt de-acord cu declarația *"Noi suntem sceptici față de afirmația că mutațiile aleatorii și selecția naturală pot fi capabile de a produce complexitatea vieții. O examinare cu atenție a dovezilor pentru teoria Darwiniană ar trebui să fie încurajată."* http://www.dissentfromdarwin.org

lucrări vom aduce dovezi pentru această teză, vom adresa contraargumente, și apoi vom arăta modul în care această teorie conectează schimbări moleculare în ADN-ul organismelor multicelulare cu apariția de noi trăsături biologice observabile în acele organisme multicelulare și în descendenții săi.

# Prefață

Această lucrare se bazează pe experimentul de gândire și conceptele învecinate introduse în lucrarea soră, " POT GÂNDURILE CONȘTIENTE SĂ FIE CONSIDERATE 'OPERE DE ARTĂ' CREATE DE CELULE, LA FEL CUM FILMELE, CĂRȚILE, JOCURILE VIDEO SUNT OPERE DE ARTĂ CREATE DE OAMENI?". Vom continua această prefață cu citarea câtorva pasaje din acea lucrare care sunt relevante subiectului nostru prezent, dar chiar și-așa se recomandă ca acea lucrare să fie citită prima:

*"Pentru mult timp după ce microscoapele le-au permis descoperirea, celulele au fost în general privite ca nu mai mult decât niște simple mașinării, sau in cel mai bun caz fabrici moleculare.[26]*
*Dar odată cu îmbunătățirea continuă a designului microscoapelor, a metodelor de înregistrare a activităților celulelor și a tehnicilor de colorare a celulelor, s-a ajuns tot mai mult la concluzia începând cu sfârșitul secolului douăzeci că celulele (în această lucrare punem accent pe celulele nervoase), sunt de fapt niște entități unice, independente, de multe ori imprevizibile. Dovezi în favoarea acestei teorii pot fi găsite astăzi în cât de variate și complexe se consideră*

---

[26] Vezi Edwin W. Taylor, Thomas D. Pollard (Feb 2001) *E.B. Wilson Lecture: The Cell as Molecular Machine* pentru un exemplu. Preluat de la http://www.ncbi.nlm.nih.gov/pmc/articles/PMC30940/

*metodele de comunicare dintre celule[27], numărul substanțial de noi tipuri de celule nervoase care sunt descoperite[28], paleta crescândă de factori care învățăm că influențează acțiunile celulelor,[29] etc. (Pentru mai multe despre asta, poate fi vizitat blogul excelent pe acest subiect al lui Jon Lieff.[30])*

*Celulele sunt mult mai mici decât oamenii. În același timp, celulele se mișcă mult mai rapid decât oamenii (din nou, punem accent pe celulele nervoase, care este documentat că pot transmite peste o sută de impulsuri nervoase în fiecare secundă) - dar asta e adevărat numai dacă interpretăm lucrurile din perspectiva noastră umană. Nu înseamnă că celulele sunt mici, sau că se mișcă foarte rapid din perspectiva unei celule - de fapt, având în vedere faptul că activitatea și comunicarea celulară trebuie să fie foarte precise în ciuda zonei microscopice în care se desfășoară și a vitezei lor impresionante din punct de vedere uman, dovezile indică contrariul. Ne vom întoarce la tema relativității timpului de-al lungul lucrării, dar de dragul argumentului, întreține această presupunere începând din acest punct: Că o zi ce trece din perspectiva unui om poate fi egală cu trecerea unui an din perspectiva unei celule. (Din nou, accentul este pe celule nervoase.)"*

---

[27] Jon Lieff (September 21, 2014 )*The Remarkable Language of Cells*. Retrieved from http://jonlieffmd.com/ blog/the-remarkable-language-of-cells
[28] Jon Lieff (October 12, 2014 ) *How Many Different Kinds of Neurons Are There*. Retrieved from http://jonlieffmd.com/blog/how-many-different-kinds-of-neurons-are-there
[29] Jon Lieff (October 19, 2014 ) *Does Activity Determine Synaptic Creation and Pruning* Retrieved from http://jonlieffmd.com/blog/does-activity-determine-synaptic-creation-and-pruning
[30] http://jonlieffmd.com/

*"Bazându-ne pe punctele care au fost atinse până acum, putem întreține posibilitatea că **atenția conștientă a unui om este practic compusă din elementele sintetizate de către celulele nervoase și rețelele de celule nervoase ale acelui om care au calitățile necesare să atragă atenția lor colectivă** (e.g. anumite idei, sentimente, senzații, etc.), **și că această atenție conștientă nu este foarte diferită în natură de atenția colectivă a oamenilor din societatea umană**, care este practic compusă din elementele sintetizate de oameni și rețele de oameni (e.g. melodii, cărți, filme...orice elemente a cărei esență se găsește în informația pe care o transmite, și nu în baza sa fizică) care au calitățile necesare să devină foarte populare. Aceasta este teoria cunoașterii-împreună a conștienței."*

„Dar putem oferi și alte dovezi în favoarea acestei ipoteze? Pentru a adresa această întrebare, întrețineți următorul experiment de gândire:

Imaginați-vă că un grup de extratereștrii foarte mari (fiecare dintre ei având aproximativ mărimea planetei noastre), și în același timp foarte înceți (pentru care un an uman ar fi echivalentul ca și durată de timp a unei singure zile) descoperă la un moment dat în timpul călătoriilor lor prin galaxii că naveta lor spațială semnalează o "fluorescență ciudată" emanată de pe suprafața unei planete. Drept consecință, pe cât sunt de mari, ei se apropie de vecinătatea acestei planete - care, desigur, e de fapt Terra - și neașteptat, descoperă societatea umană crescând pe suprafața ei. De asemenea, imaginați-vă că este pentru prima oară când ei descoperă ceva de genul acesta de-al lungul întregii lor istorie de explorare spațială. Ei sunt de fapt niște ființe extrem de diferite de noi. În situația lor, cum ar defini *acești extratereștrii societatea umană? Din perspectiva lor (așa de mare și așa de...înceată) ei ar vedea societatea umană ca un tot unitar - ca un fel de ciupercă sau un mușchi întins de-al lungul suprafeței Pământului (nu foarte diferit de modul în care o persoană vede corpul uman ca un tot unitar, deși noi știm că acel corp este de fapt format din celule.) Chiar dacă ei s-ar uita la societatea umană, acești extratereștrii nu ar putea percepe oamenii individual la început, pentru că pentru ei oamenii ar fi de o mărime microscopică.*

*Să ne imaginăm în schimb că aceste sunt forme de viață orientate științific, așa că ele ajung să folosească endoscoape, microscoape și-așa mai departe să analizeze această "ființă" ce crește pe suprafața planetei până la structura sa microscopică....și drept urmare descoperă existența oamenilor. După o tură sănătoasă de observare, nu ar ajunge acești extratereștrii de știință să numească oamenii în final unitățile fundamentale din punct de vedere structural și funcțional al societății umane, responsabili de lucruri gen metabolismul societății umane, creșterea corpului său, etc. la fel cum noi definim celula ca și unitatea fundamentală din punct de vedere structural și funcțional al corpului uman? Din perspectiva lor, probabil că da.*

*Dar în același timp, nu ar avea acești extratereștrii imenși și înceți o viziune foarte simplistă despre oameni din cauza informației limitate pe care ei (și instrumentele lor) ar putea să le recepteze din acțiunea umană complexă, din cauza diferenței în mărime și viteză dintre noi și ei? De exemplu, ei nu ar putea să decodeze comunicarea verbală umană. Un monolog susținut de o persoană timp de o oră ar fi compresat în spațiu și în timp pentru extratereștrii de știință într-un scurt moment...un "impuls de sunet" cel mult, și asta dacă instrumentele lor ar fi echipate să recepteze comunicarea verbală umană chiar și-atât. Această situație nu e* *foarte diferită de felul în care noi interpretăm interacțiunile electrice\electrochimice dintre celulele nervoase ca fiind "impulsuri nervoase", și nu vorbire celulară sau ceva de o asemenea complexitate. Cu alte cuvinte, perspectiva extratereștrilor de știință începe să devină foarte similară cu perspectiva noastră umană când vine vorba de celule."*

*"...Pentru a ilustra potența analogiei dintre relația extratereștrilor de știință cu un om și relația unui om cu o celulă, **imaginați-vă că extratereștrii de știință decid să trimită un asteroid înspre Pământ de la o distanță destul de mare pentru a emula un scenariu natural, ca mai apoi ei să stea deoparte și să înregistreze rezultatele. Și să zicem că astronomii noștri observă asteroidul în timp util, și că în final decidem să trimitem o rachetă pentru a neutraliza obiectul periculos. Nu ar interpreta extratereștrii de știință trimiterea rachetei ca și acțiunea societății umane** din cauza mărimii și vitezei lor, și nu rezultatul a nenumărați oameni care ar fi implicați într-o astfel de operațiune defensivă? Și nu este similar cu modul în care de exemplu noi interpretăm prinderea unei mingi în timpul unui meci de sport ca acțiunea persoanei care a prins-o, deși noi știm că corpul acelei persoane este de fapt format din nenumărate celule, care acționează în unison pentru a prinde mingea? Este pur și simplu natural din perspectiva mărimii și vitezei umane să se interpreteze lucrurile în acest mod în al doilea caz, la fel cum este natural din perspectiva mărimii și vitezei extratereștrilor de știință să se interpreteze trimiterea rachetei ca și acțiunea societății umane.[31]..."*

---

[31] O descriere mai amănunțită al experimentului de gândire cu extratereștrii de știință și ale variatelor sale utilizări, cât și o explicație a motivului pentru care este o analogie așa de potentă pentru relației omului cu o celulă poate fi găsită în

*"...Imaginați-vă din nou modul în care societatea umană arată din perspectiva extratereștrilor de știință. Privește-o ca un organism care crește pe suprafața planetei. Ar arăta ca un organism, desigur, dar este ea un organism multicelular? Nu, un organism multicelular este prin definiție unul a cărui unități fundamentale din punct de vedere structural și funcțional sunt celulele. Atunci ce fel de organism este societatea umană? Păi dacă un organism multicelular este un organism a cărui unități fundamentale din punct de vedere structural și funcțional sunt celulele, atunci să definim organismele a căror unități fundamentale din punct de vedere structural și funcțional sunt organismele multicelulare ca fiind organisme multizoa.[32]*

*Să ne uităm deci la societatea umană ca fiind un organism multizoa. Ce poate fi spus despre el? O primă concluzie interesantă care se prezintă este că societatea umană este un organism care s-a format prin auto-organizare, primul de felul său. El nu are niciun părinte. Asta stă în contrast cu orice organism multizoa similar cu societatea umană care ar putea să apară pe viitor, pentru că și-ar putea trasa originile la societatea umană. De exemplu, dacă ar fi să dezvoltăm capacitatea călătoriei interstelare, coloniile pe care le-am stabili pe alte planete ar apărea printr-un proces care poate fi numit reproducție multizoa din perspectiva extratereștrilor de știință. Și relația dintre societatea umană și orice organism multizoa care și-ar trage descendența din ea ar fi foarte asemănătoare cu relația dintre prima celulă care a apărut în natură (numită*

---

cartea *In Principio Res* de Narcis Marincat (2014), de unde această lucrare își trage inspirația.
[32] Zoia vine din greacă și înseamnă "animale".

*protocelula de oamenii de știință) și toate celelalte celule care s-au descins din ea prin reproducție; Sau relația dintre primul organism multicelular, și toate celelalte organisme multicelulare care i-au fost descendente.*

*Acum, a fost primul organism multicelular conștient în același fel în care un om din ziua de azi e conștient? Desigur că nu. Conștienţa a evoluat de-al lungul multor generații multicelulare pentru a ajunge la nivelul la care este astăzi, așa că putem spune că conștiența acelui prim organism multicelular - dacă ar fi să o numim conștiență - ar fi fost primitivă în comparație cu conștiența oamenilor ce trăiesc în prezent. În concluzie, putem extrapola că elementele care apar în atenția colectivă a oamenilor ce locuiesc în societatea umană astăzi sunt probabil primitive în comparație cu elementele care vor apărea în atenția colectivă a oamenilor care vor locui în oricare descendent multizoa al societății umane."*

Din nou, dacă nu ați făcut-o deja, se recomandă a se citi lucrarea inițială de 15 pagini din această serie înainte de a continua pentru a avea o viziune stabilită a conceptelor ce vor fi folosite de aici încolo. Citatele prezentate în această prefață servesc practic ca o reamintire pentru cei ce au citit-o, și ca "momeală" pentru cei ce încă nu au făcut-o.

# I. Introducere

Vom începe introducerea acestei lucrări subliniind premisele principale care stau la baza teoriei moderne a evoluției:

1. Există variație între caracteristicile biologice ale indivizilor dintr-o populație de organisme: De exemplu, unele girafe au gâtul mai lung decât altele.
2. Există reproducere diferențială. De vreme ce mediul nu poate susține o creștere nelimitată a populației, nu toți indivizii ajung să se reproducă la fel de mult. De exemplu, girafele cu gâtul mai lung ar fi putut să ajungă mai ușor la frunzele de copaci înalți și să supraviețuiască pentru a se reproduce mai des decât girafele cu gâtul mai scurt.
3. Există ereditate - caracteristici biologice sunt transmise de la o generație de organisme la alta prin descendență. În exemplul nostru, caracteristica gâtului lung are o bază genetică, deci este transmisă de la o girafă la descendentul ei.
4. Caracteristicile biologice cele mai avantajoase - e.g. gâtul lung - care ajută organismul să aibă mai mulți descendenți, devin mai comune în populație, pentru că indivizii care au acele caracteristici au mai multe șanse să supraviețuiască și să se reproducă.
5. Principalul mecanism care stă în spatele apariției noilor caracteristici biologice într-un organism constă în mutațiile aleatorii care se produc în genomul acelui organism, care a fost numit principala forță din spatele proceselor evolutive.

Cu alte cuvinte, oriunde este variație, reproducere diferențială și ereditate, evoluția prin selecția naturală se produce ca rezultat, și mutațiile aleatorii sunt principala sursă de variație în organismele celulare.

Acestea fiind spuse, vom continua experimentul de știință al extratereștrilor de știință de unde ne-am oprit în prima lucrare:
Imaginați-vă că după ce au făcut un număr de experimente pe societatea noastră umană, extratereștrii au părăsit în final această zonă galactică satisfăcuți cu datele pe care le-au colectat. Specia lor nu s-a mai întors în colțul nostru de univers timp de câteva miliarde de ani, la sfârșitul cărora își amintesc de societatea umană și decid să vadă ce s-a mai întâmplat de când neamul lor s-au aventurat pentru prima oară în aceste părți, dar ce descoperă atunci când se întorc îi lasă înmărmuriți. De mult trecuta primă expediția care a fost întreprinsă de strămoșii lor acum mulți ani (miliarde de ani din perspectiva oamenilor) a documentat existența unui singur organism multizoa, societatea noastră umană. Dar acum, la întoarcere, ei sunt surprinși să vadă un număr mare și o varietate largă de organisme multizoa, cu diferențe de structură și de comportament remarcabile. Unele din aceste organisme multizoa sunt intr-adevăr înrădăcinate pe suprafața planetelor și seamănă oarecum în descriere cu societatea noastră umană, în timp ce altele au organisme agile, mobile și efectuează activități complexe - ceea ce noi am considera navete stelare construite de oameni. De asemenea, cu ajutorul instrumentelor lor științifice, extratereștrii descoperă și organisme multizoa atât staționare cât și mobile care trăiesc sub apă pe diferite planete.

Această bogăție în număr și diversitate de viață multizoa nu a fost notată deloc de expediția inițială, deși o mare parte din acea expediție a avut loc în această parte de univers. Natural, extratereștrii de știință s-au întrebat cum e posibil așa ceva, și așa cum se întâmplă de obicei în stadiile inițiale al oricărei mari descoperiri, s-au conturat un număr de ipoteze care au început să concureze unele cu celelalte.

## II. Speculații, Adunarea Dovezilor Și Teoria Finală

Una din explicațiile cu care au venit extratereștrii de știință ca motiv pentru care prima expediție nu a notat existența unui asemenea număr și diversitate de organisme multizoa este că strămoșii lor au trecut pur și simplu cu vederea viața multizoa pe care o aveau ei acum în fața lor, dar pentru majoritatea dintre ei acest scenariu a părut pur și simplu de neimaginat. Sistemele de detecție ale obiectelor cu care erau echipate navele lor pe atunci erau într-adevăr mai brute, poate incapabile de a detecta mici urme de viață ca de exemplu existența unor organisme multizoa similare cu societatea noastră umană dispersate în galaxii vecine, dar ar fi descoperit cu siguranță orice organism multizoa mobil (navetă stelară) mișcându-se în vecinătatea lor, ca să nu mai vorbim de activitatea puternică multizoa la care extratereștrii de știință erau martori în momentul de față. Și în orice caz, asta nu ar fi explicat adevărata origine al acestei proliferări multizoa în număr și diversitate.

Alții au teoretizat că poate strămoșii organismelor multizoa prezente au apărut spontan în timpul care-a trecut după prima expediție, teorie care se potrivea cu concluzia lor că societatea noastră umană "nu pare să aibă nici un părinte", formulată după ce extratereștrii de știință care au descoperit-o au efectuat cercetări amănunțite pe acest subiect. Această ipoteză a fost numită generație spontană, și a atras inițial un număr de suporteri influenți.[33]

Altă explicație a fost că toate aceste organisme multizoa se trăgeau din acel organism descris de strămoșii lor prin reproducere, și\sau de organisme similare care trăiau în galaxii învecinate în acea perioadă fără ca ei să știe, dar din păcate încă nu dispuneau de un mod satisfăcător de a explica modul în care reproducția multizoa ar fi putut să dea naștere unei asemenea diversități - nu încă. Și fără nici o dovadă clară care să propulseze o teorie în favoarea celeilalte inițial, vă puteți imagina că dezbaterile erau constante și într-un continuu proces de desfășurare.

Între timp, fiind diligenți de felul lor, extratereștrii de știință începuse să clasifice organismele multizoa în grupări taxonomice (specii, regnuri, clase) și s-au angrenat în observații pe termen lung pentru a obține o înțelegere detaliată a ciclului vieții multizoa. Astfel de cercetări au produs un număr de descoperiri interesante. De exemplu, toate organismele multizoa la nașterea cărora ei au fost martori s-au format din alte organisme multizoa prin reproducere, fără să existe nicio dovadă de generație spontană. Ce-au mai descoperit este că există o variație în trăsăturile biologice prezente între membrii aceleiași oricărei specii multizoa - de exemplu, în specii multizoa mobile (i.e. specii multizoa a căror membrii sunt nave stelare), au notat diferențe în sensibilitatea organelor de simț între diferiți membrii (ceea ce noi am numi observatoarele și antenele sale), în forma și libertatea de mișcare a

---

[33] Teoria generației spontane când vine vorba de celule a dominat domeniul biologic al științei până în secolul 19 - până atunci s-a considerat în general că celulele și unele organisme multicelulare se dezvoltau în mod spontan. Referință: James E. Strick (2003) Sparks of Life: Darwinism and the Victorian Debates over Spontaneous Generation.

extremităților, în forma fuzelajului - și aceste diferențe s-au arătat între membrii fiecărei specii multizoa pe care au documentat-o.

Dar după nu mult timp au mai descoperit că unele specii multizoa se aseamănă foarte mult unele cu celelalte, și că sunt separate de numai câteva mici diferențe care le fac să fie clasificate ca specii diferite. De exemplu, singura diferență fundamentală între membrii a două specii multizoa mobile poate fi o extremitate în plus în una din ele.

Aceste descoperiri începuse să traseze pentru extratereștrii de știință conturul unui mecanism care ar putea explica modul în care diversitatea vieții multizoa își făcuse apariția, pentru că i-au făcut să considere posibilitatea că, la fel cum sunt variații în aceleași trăsături biologice între membrii unei specii multizoa, uneori trăsături complet noi ar putea să apară într-un membru oarecare al unei specii, ceea ce ar face ca acea specie să se ramifice într-o nouă specie. Și speculații apăruse între ei că dacă acea trăsătură conferă un avantaj pentru abilitatea organismului de a supraviețui și a se reproduce, e probabil ca acel membru al noii specii să producă descendenți și specia să crească în număr de membrii, ajungând să fie o specie stabilă în mediul său. Extremitatea în plus menționată mai sus ar fi putut foarte bine să fie o astfel de trăsătură biologică nouă. Apoi același proces poate avea loc în noua specie, și-așa mai departe...și această acumulare de noi trăsături ar putea să ducă în timp la dezvoltarea unor specii multizoa care sunt foarte diferite unele de celelalte. Pe de altă parte, dacă acea trăsătură nouă este un dezavantaj pentru abilitatea organismului de a supraviețui și a se reproduce, acea nouă specie este probabil să piară repede; Și unele trăsături ar putea să nu ofere niciun avantaj sau dezavantaj evoluționar, adică să fie benigne, fără nicio influență evoluționară în sinea lor. De fapt, unii extratereștrii de știință ajunseseră să speculeze că ar putea să fie diferențe importante în trăsăturile biologice dintre unii membri ale aceleiași specii multizoa pe ei nu le-au luat în considerare pentru că nu sunt aparente.

Cam tot în aceeași perioadă, investigațiile lor științifice minuțioase începuse să ducă la descoperirea unor organisme multizoa fosilizate la câteva situri răzlețe din acea zonă galactică, și unele dintre fosilele bine prezervate nu se asemănau cu speciile multizoa care erau documentate că există în prezent, ceea ce era dovadă pentru existența altor specii multizoa ce dispăruseră de-al lungul timpului și susținea teoria pe care o dezvoltau.

Dar ce anume alimenta apariția noilor trăsături biologice multizoa? Fără o modalitate de a percepe informația ce era transmisă individual între oameni din cauza diferenței în mărime și viteză, cu înțelegerea simplistă a oamenilor care era produsul acestei diferențe, și având în vedere descoperirile ce au fost extrase din observațiile și experimentele lor, extratereștrii de știință ajunseseră la concluzia că astfel de trăsături sunt rezultatul mutațiilor aleatorii care apar în mod normal în timp ce organismul se înființează înainte de naștere, sau în stadiile inițiale de viață ale unui organism multizoa în timp ce organismul este în creștere, la fel cum se întâmplă când vine vorba de variațiile între caracteristicile acelorași trăsături biologice.

Mai târziu, după ce au fost descoperite mai multe fosile multizoa, extratereștrii au documentat faptul că cele mai simple fosile multizoa aveau tendința să fie și cele mai vechi, cu specii mai complexe făcându-și apariția mai târziu, și că cele mai tinere fosile multizoa erau acelea care în general se asemănau cel mai mult cu speciile de organisme multizoa care trăiau în prezent. Începuseră în același timp să descopere că diferitele specii de organisme multizoa, cele în viață cât și cele fosilizate păreau să cadă într-o ordine naturală bazată pe trăsăturile biologice comune - o ordine care arăta mult ca un arbore al vieții multizoa.

După un studiu detaliat al acestor și altor descoperiri obținute prin cercetări minuțioase, extratereștrii de știință au formulat ceea ce a devenit o teorie științifică general acceptată în cercurile lor: Evoluția prin selecția naturală a organismelor multizoa care au suferit mutații aleatorii.

# III. Evoluția Prin Selecția Naturală A Organismelor Multizoa Care Au Suferit Mutații Aleatorii

Teoria oferă următoarea explicație: Viața multizoa a evoluat cu timpul începând cu o singură specie multizoa care a trăit acum miliarde de ani (și poate societatea noastră umană a fost parte din acea specie), care cu timpul s-a ramificat în specii diverse și numeroase prin procesul de selecție naturală al organismelor multizoa ce au suferit mutații aleatorii, care este forța principală din spatele procesului evolutiv.

Procesul de selecție naturală este relativ ușor de înțeles: Dacă membrii unei specii multizoa au variații în trăsăturile lor biologice, dacă acele trăsături pot fi moștenite și dacă ele au un efect asupra posibilității organismului de a supraviețui și de a se reproduce, atunci indivizii dintr-o specie multizoa care dobândesc trăsături biologice ce oferă un avantaj asupra abilității lor de a supraviețui și de a se reproduce vor fi cel mai capabili să facă asta - vor fi selectate natural - și deci, acele trăsături fie se vor răspândi de-al lungul populației acelei specii multizoa în timp ce trăsăturile nefavorabile vor fi plivite, ceea ce ar duce cu timpul la o specie care este bine adaptată la mediul său; sau, dacă acea trăsătură face organismul destul de diferit de ceilalți membrii, va duce în final la stabilirea unei noi specii multizoa.

Așa cum a fost menționat, în teoria extratereștrilor de știință, noi trăsături biologice multizoa apar prin mutații aleatorii suferite de membrii diferitelor specii de organisme multizoa.

## IV. Juxtapunerea Teoriilor

Dacă nu ați recunoscut asemănarea până acum, teoria conturată în capitolul trecut în relație cu organismele multizoa este aproximativ ceea ce descrie teoria evoluției prin selecția naturală a mutațiilor aleatorii pe care oamenii o folosesc pentru a explica dezvoltarea organismelor multicelulare. În același timp, dovezile oferite în aceste pagini pentru susținerea teoriei în relație cu organismele multizoa sunt echivalentul câtorva din dovezile des întâlnite în susținerea teoriei moderne a evoluției în relație cu organismele multicelulare (e.g. fosile, variație în caracteristici biologice, ierarhia cuibărită care este implicită în construcția unei arbore filogenetic).

Cu toate acestea, ați putea simți nevoia să clarificați câteva puncte ale acestei teorii atunci când este aplicată asupra societăților umane și să informați extratereștrii de știință că nu există progrese aleatorii în societăți umane - "Noi nu suntem ca celulele care formează corpul uman, noi suntem ființe raționale! Intelectul și diligența noastră stau în spatele schimbărilor pozitive care se petrec în societățile pe care noi le stabilim." Dacă am ști concluziile pe care ei le trag din toată celelalte experimente și descoperiri ale lor, probabil că ar fi un număr substanțial de corectări pe care am vrea să le facem, dar trebuie să ținem de poziția lor: Extratereștrii de știință caută să aibă o înțelegere logică a lucrurilor fără să știe de modurile noastre complexe de comunicare sau ce transmitem prin această comunicare - din cauza diferenței în mărime-viteză dintre noi și ei, cuvintele pe care le rostim, care au în vedere o lume care este foarte diferită de a lor, dispar într-o fracțiune de moment pentru ei, la fel ca și celelalte acțiuni în care noi ne angajăm moment de moment. Noi știm că ceea ce ei percep ca "mutații aleatorii", ca de exemplu noi structuri sociale, moduri de transport sau tehnici de comunicare sunt rezultatul final al unui proces care implică acțiunile voite al unui număr de oameni incredibil de mare (puse laolaltă uneori întâmplător, alteori prin plănuire umană, de multe ori printr-o combinație a celor doi factori). În cazul internetului de exemplu unii au ajutat la construcția computerului, în timp ce alții au contribuit cu protocoalele world wide web-ului, alții cu cabluri optice, și-așa mai departe, dar extratereștrii noștri iscoditori nu ar avea cum să perceapă modul în care aceste întâmplări de multe ori paralele ajung să se întâlnească cu scop pentru a produce o trăsătură biologică multizoa nouă - într-adevăr, e greu până și pentru noi de multe ori să urmărim progresia lor alambicată (motiv pentru care există cărți pe tema istoriei internetului, și părți discutabile între ele când vine vorba de anumite puncte cruciale ale acelei istorii).

E adevărat, teoria evoluției prin selecție naturală poate fi aplicată asupra viitoarei evoluții a organismelor multizoa pe cât este aplicată organismelor multicelulare:

1. Există variație între trăsături biologice: De exemplu, unele organisme multizoa au extremități mai mari, altele mai mici.
2. Există ereditate: Trăsăturile sunt transmise de la o generație multizoa la alta. (În același fel în care noi în general ne construim casele să fie mai mult sau mai puțin la fel deși avem teoretic posibilitatea să construim fiecare casă într-un mod complet diferit, mai eficient decât ultima, atunci când va atinge un anumit grad de complexitate, e probabil că vom ajunge să construim un descendent al unui organism multizoa într-un mod foarte similar cu părintele său. [34])
3. Există reproducție diferențială - Unii membrii al unei specii multizoa se pot reproduce cu o frecvență mai mare decât altele, uneori din cauza diferențelor trăsăturilor pe care le dețin. De exemplu, dacă o catastrofă imprevizibilă ca o ploaie de asteroizi ar fi să cadă dintr-o dată pe o anumită zonă galactică locuită de o specie multizoa, indivizii care au trăsături ce le-ar permite să se apere mai bine (ca de exemplu navete stelare cu un fuzelaj reîntărit) ar fi cel mai probabil să supraviețuiască, în timp ce ceilalți ar avea mai puține șanse să o facă, și acele trăsături care le-au permis să supraviețuiască ar fi transmise descendenților lor.
4. O trăsătură biologică ce permite organismului multizoa care-o deține să aibă mai mulți descendenți sau care îl face mai bine adaptat la mediul său este probabil să devină mai comună în populația multizoa din care organismul face parte. (Vezi punctul 3 pentru un exemplu.)

---

[34] Pentru o explicație mai detaliată, vezi Narcis Marincat (2014) *In Principio Res*, capitolul II, #5.

Dar cum apar trăsăturile biologice care trec de fapt prin procesul de selecție naturală? Din cauza barierei impenetrabile de mărime-viteză, pentru extratereștrii de știință apariția unei anumite trăsături biologice multizoa ar fi imposibil de distins de o întâmplare aleatorie, de un rezultat haotic, în timp ce din perspectiva oamenilor, ele pot fi recunoscute ca produsul imaginației umane, creației umane, determinării umane, cooperării umane, proiectării umane. Punctul de vedere adoptat de frații noștri mai mari este de înțeles, pentru că extratereștrii de știință nu ar avea acces la lumea noastră din cauza mărimii-vitezei lor, și deci ar fi incapabili să recunoască existența unică a fiecărui om, să înțeleagă ce îi ambiționează pe oameni secundă de secundă, minut de minut să aducă contribuțiile lor individuale care produc în final o nouă "trăsătură biologică multizoa", sau cum o nouă trăsătură biologică multizoa este encodată pentru a se putea manifesta într-o așezare omenească viitoare stabilită pe o altă planetă, sau într-o viitoare navetă stelară. Această lipsă de informație împinge extratereștrii de știință să dezvolte o înțelegere mecanistică a organismelor multizoa și a procesului lor evolutiv.

Dar odată cu recunoașterea validității acestui experiment de gândire, am putea ajunge să punem sub semnul întrebării prezenta explicație științifică a modului în care noi trăsături biologice apar în organismele multicelulare: mutațiile aleatorii. Din perspectiva oamenilor, apariția unei noi trăsături biologice în societăți de celule poate că este imposibil de distins de o întâmplare aleatorie din cauza diferenței în mărime-viteză. Dar din perspectiva unei celule, astfel de trăsături ar putea să fie percepute ca rezultatul (parțial sau complet) al imaginației celulare, creației celulare, determinării celulare, cooperării celulare, proiectării celulare. Probabil că punctul de vedere susținut de oamenii de știință până acum este de înțeles, pentru că accesul nostru la lumea celulară așa cum este trăită în mod natural de celule este foarte limitat, motiv pentru care avem dificultăți în a recunoaște sau a urmări existența unică a acestor ființe, de a știi ce le motivează moment de moment, secundă de secundă pentru a-și aduce contribuțiile unice care duc la dezvoltarea unor noi trăsături, sau, fără a fi conștienți de paralaxa de mărime viteză (i.e. posibilitatea de a privi lumea dinspre mai multe mărimi-viteze și de a extrage informații foarte diferite din ea drept consecință), de a recunoaște că astfel de contribuții pot fi aduse dincolo de privirea umană.[35]

Cu alte cuvinte, e foarte probabil că mutațiile multicelulare selectate în mod natural de-al lungul evoluției organismelor multicelulare sunt mutații cu scop dezvoltate de către celulele ce trăiesc\au trăit în aceste organisme, în ciuda perspectivei generale prezente a oamenilor de știință că ele sunt aleatorii, la fel cum mutațiile multizoa care ar fi selectate în mod natural de-al lungul evoluției organismelor multizoa ar fi mutații cu scop dezvoltate de către oamenii ce ar trăi în aceste organisme, în ciuda perspectivei extratereștrilor de știință că ele sunt aleatorii. Perspectiva

---

[35] Oamenii sunt cu un pas în fața extratereștrilor de știință prin prisma faptului că pot corela diferențe între trăsăturile biologice dintre diferite specii de organisme multicelulare cu schimbări genetice și epigenetice în ADN . Cu toate acestea, perspectiva antropocentrică a timpului a dus la teoria că principalul mecanism din spatele schimbărilor genetice în ADN, și deci din spatele apariției oricăror trăsături multicelulare noi sunt cauzate de mutații genetice aleatorii care apar atunci când celula se reproduce, deși corelația dintre ADN și trăsături pot de asemenea să indice existența unui metode nedocumentate prin care o celulă poate encoda informația în ADN-ul său pentru a documenta apariția unei noi trăsături în societatea din care face parte. Dar pentru că nu a fost documentată nicio encodare a unei astfel de mutații în timp real din cauza barierei în mărime-viteză dintre oameni și celule, abordarea științifică curentă este de înțeles: Cunoștințele științifice din prezent par într-adevăr să permită teoria mutațiilor neghidate. Ideile discutate aici ar putea în schimb să ofere o bază logică pentru a muta balanța dintre aceste teorii.

oamenilor și a extratereștrilor de știință că aceste mutații sunt aleatorii este doar efectul natural al barierei de mărime-viteză dintre ei și ființele studiate.

Acum, să ne folosim și de bun nostru simț. Dacă ar fi să fim purtați acum către un descendent îndepărtat al societății umane care trăiește peste eoni pe o planetă distantă și am vedea că în loc de case construite din beton ar fi case construite din ceva material biologic viu, și in loc de vehicule care funcționează pe baza combustibilului fosil ar fi mașini zburătoare ce merg pe hidrogen, și atunci când ar fi nevoie de mână de lucru pentru munci repetitive am găsi de roboți complecși făcând munca în loc de oameni, nu am putea concepe niciun proces aleatoriu care ar fi putut da naștere acestor inovații, acestor trăsături biologice multizoa. Și-atunci cum putem accepta această perspectivă în raport cu evoluția organismelor multicelulare, și cu dezvoltarea trăsăturilor lor biologice, care sunt deseori incredibil de complexe?

E important de notat însă că chiar dacă dezvoltarea noilor trăsături biologice nu sunt rezultate aleatorii, ci sunt făcute cu scop de către unitățile de bază al organismelor, procesul de selecție naturală continuă să joace un rol important în dezvoltarea atât organismelor multicelulare cât și celor multizoa. Pentru a se înțelege mai ușor de ce, considerați următorul experiment de gândire:

Să zicem că societatea noastră umană ar fi să se reproducă pe 100 de planete diferite, fiecare căutând se implementeze schimbări diferite, dar promițătoare și teoretic realizabile în modul in care este guvernată, modul în care este structurată, și așa mai departe. (Pentru a oferi câteva exemple, imaginați-vă diferența dintre capitalism, comunism și anarhie; sau diferența dintre orașe futuristice bazate pe principii sustenabile, cu case autonome care nu depind de nicio rețea centralizată pentru a oferi mâncare, apă, adăpost, căldură, și orașe convenționale de tipul cărora le vedem în jurul nostru astăzi în societatea noastră umană.) Din perspectiva extratereștrilor de știință, astfel de derivări în design ar însemna diferite trăsături biologice multizoa. Acum, deși schimbările în design din fiecare organism multizoa ar fi făcute cu cele mai bune intenții de oamenii ce locuiesc în ele, din cauza factorilor complecși care intră în discuție în dezvoltarea unor astfel de organisme, e posibil să nu producă tot timpul un rezultat favorabil. Dar desigur, evoluția organismelor nu poate avea loc fără a se asuma riscul care vine odată cu urmarea unui drum nepășit. Astfel, în timp ce e foarte probabil ca unii membrii al acestui grup de 100 să se dovedească a fi foarte promițători, derivările în design implementate în alți membrii din această sută ar putea duce la rezultate imprevizibile, nefavorabile care ar avea un efect negativ asupra fitnesului acestor organisme, asupra abilității de a se maturiza sănătos, de a supraviețui și de a se reproduce. Și desigur, acele organisme multizoa care se dovedesc cele mai promițătoare sunt cel mai probabil să crească în număr în mediul lor - cu alte cuvinte, ele vor fi cele "selectate natural" să-și perpetueze "specia". Acesta este modul în care selecția naturală ar juca un rol chiar și in cazul mutațiilor teleologice. Acest experiment de gândire poate fi aplicat și la organismele multicelulare, și cu același rezultat.

Deci, pentru a sumariza această teorie într-un limbaj care se aplică organismelor multicelulare cât și organismelor multizoa, evoluția organismelor are loc prin selecția naturală a organismelor care au suferit mutații teleologice. Teleologic în acest caz înseamnă nimic altceva decât mutații cu scop dezvoltate de unitățile de bază ale acestor organisme - celule în cazul organismelor multicelulare, oameni în cazul organismelor multizoa.

Acum, ar fi imprevizibilă dezvoltarea mutațiilor teleologice care duc la noi trăsături multizoa? Probabil, cel puțin în mare parte! Nimeni nu ar fi putut prezice acum un secol dezvoltarea internetului așa cum este el astăzi de exemplu, nu oamenii și în nici un caz extratereștrii de știință, pentru că contopirea nenumăratelor minți, creații, strădanii, proiectări umane care au dus la acest internet a produs rezultate imprevizibile. Imprevizibile, da, dar nu aleatorii. Deci, pentru a exprima și aici lucrurile într-un limbaj care se aplică atât organismelor multicelulare cât și celor multizoa, dezvoltarea unei noi caracteristici biologice într-un organism poate fi imprevizibilă, da, dar asta nu înseamnă că e aleatorie sau haotică.

# V. Contraargumente: Imprevizibilul Rezultat Al Reproducției Sexuale

Unul din contraargumentele care pot fi aduse acestei teorii al evoluției multicelulare prin selecția naturală a organismelor care au suferit mutații teleologice are de-a face cu faptul că animalele se reproduc sexual. După cum poate știți, reproducția sexuală este un proces care dă naștere unui nou organism prin combinarea informației genetice ale celor două organisme-părinte. Reproducția sexuală începe cu producerea celulelor sexuale prin meioză (un proces care înjumătățește codul genetic al organismului în care se formează celula sexuală ca pregătire pentru combinarea ei cu cealaltă celulă sexuală). În timpul meiozei, două procese care sunt în general considerate aleatorii au loc: unul este împerecherea cromozomilor omologi, în care un membru al perechii de cromozomi similari din materialul genetic (fiecare pereche are un cromozom maternal, și unul paternal, numiți cromozomi omologi), este mutat în mod aleatoriu pentru formarea unei celule sexuale. Al doilea este procesul de recombinație omologă, în care secvențele de ADN ale organismului sunt mutate aleatoriu între cromozomii omologi înainte de fi împărțiți în două, producând astfel noi combinații de gene pentru fiecare cromozom. Aceste două procese sunt cunoscute împreună sub numele de recombinație genetică.[36]

Această natură aparent aleatorie a procesului de recombinație genetică[37], combinată cu faptul că nu se știe care celule sexuale ajung de fapt să fie fertilizate și deci să formeze un organism face procesul de selectare a căror trăsături biologice ajung să fie transmise descendenților în timpul reproducerii sexuale să pară foarte mult ca un joc de noroc.

Deci, contraargumentul în cauză împotriva teoriei evoluției al organismelor multicelulare prin selecția naturală al organismelor care au suferit mutații teleologice poate fi formulată în felul următor: De ce s-ar sinchisi celulele să encodeze noile dezvoltări în societatea de celule din care ele fac parte, doar pentru ca în final a lăsa un proces așa de "aleatoriu" ca și reproducția sexuală să determine ce informație genetică care encodează astfel de dezvoltări sunt transmise următoarei generații?

Înainte de a începe să adresăm acest subiect, merită notat că reproducția sexuală este cunoscut ca unul dintre cele mai mari mistere ale biologiei, cu o istorie lungă în care și-a avut atât utilitatea cât și originea serios dezbătută. Chiar și în ziua de azi sunt puncte discutabile legat de unde și de ce s-a format reproducția

---

[36] Deși au ieșit la iveală dovezi că recombinația genetică nu este un proces complet aleatoriu. Vezi Brick et. al. (2012) Genetic recombination is directed away from functional genomic elements in mice pentru un exemplu.
[37] Encyclopaedia Britannica, Recombination. Sustras de la http://www.britannica.com/EBchecked/topic/493676/recombination

sexuală[38], și cât de aleatoriu este de fapt procesul de recombinație genetică. (vezi nota de subsol 35.)

Acestea fiind spuse, mecanismul de reproducție al organismelor multizoa care societatea noastră umană ar putea să-l dezvolte pe viitor va fi probabil foarte diferit în natură de cel folosit în general de organismele multicelulare, adevărat. Două puncte pot fi făcute pentru a adresa această diferență:

1. Prima generație de organisme multicelulare ar fi trebuit să se reproducă asexual[39] - un mecanism de reproducție care este mai asemănător cu cel pe care societatea noastră umană e probabil să-l dezvolte pe viitor - pentru că nu ar fi avut parteneri cu care să se reproducă sexual.

2. Cine știe cum reproducția multizoa va evolua de-al lungul câtorva generații multizoa? Poate că uneori va implica o cooperare între perechi sau un număr de organisme multizoa, pentru că se va descoperi că reunirea cunoștințelor deținute de o varietate de organisme multizoa va îmbunătăți fitnesul noii navete stelare\colonii planetare. Și cum vor fi selectate "caracteristicile biologice" care vor fi moștenite de la o generație la alta?

În primul rând, pentru ca o astfel de "reproducere multizoa sexuală" să aibă loc, procesul de reproducere multizoa ar trebui probabil să fie standardizat, pentru ca informațiile ce-și au originea în aceste organisme multizoa variate să pot fi puse laolaltă. Ar presupune asta oare o creare în prealabil al unui "cod genetic" multizoa - adică, a unui mod standardizat în care fiecare organism multizoa să înregistreze și să stocheze informația de bază legată de structura sa, cu secțiunile acestei înregistrări interschimbabile între

---

[38] Goodenough & Heitman (2014) Origins of Eukaryotic Sexual Reproduction
[39] Spus simplu, un mecanism de reproducție în care descendenții se formează din materialul genetic unui singur organism-părinte, și deci descendenții moștenesc caracteristicile biologice numai de la acel organism-părinte.

organisme multizoa care folosesc același mod standardizat? Să zicem de exemplu că în timpul reproducției sexuale multizoa, unul din organismele multizoa-părinte ar avea un proiect de casă mai bun, mai eficient decât altul, și deci s-ar cădea de acord ca "secțiunea de case" ale "codului său genetic" multizoa să fie copiat în "codul genetic" al organismului-descendent multizoa care acum se formează, făcând acesta astfel modul oficial în care membrii acestui organism multizoa nenăscut construiește case. Desigur, procesul de construcție a caselor ar putea evolua în acest organism-descendent de-al lungul creșterii sale, și deci pe viitor "codul său genetic" ar putea să fie actualizat pentru a se potrivi cu modul modern în care casele sunt construite în el.

Dar poate pentru aspectele mai "triviale" ale "informației genetice" ce aparține acestui organism - sau în cazurile în care trăsăturile biologice al părinților săi multizoa sunt foarte similare - ar putea fi un fel de tragere la sorț aleatorie care să determine care trăsături ajung să fie selectate - să zicem, în modul în care e prezervată mâncarea.

Ce caută să arate speculațiile din al doilea punct este că există o posibilitate ca organismele multizoa să ajungă cu timpul să se reproducă "sexual" în anumite condiții (datorită potențialei utilități a unei astfel de mod de reproducere), și că factorul aleatoriu ar putea juca un rol în recombinarea "informației genetice" multizoa în timpul procesului reproductiv cel puțin într-o anumită măsură...Un proces care, dacă e observat de extratereștrii de știință, ar părea probabil complet aleatoriu chiar dacă el ar fi de fapt condus de considerații umane precise, și care ar ridica la fel de multe întrebări pentru extratereștrii câte ridică reproducția sexuală multicelulară pentru oamenii de știință.

# VI. Explicația Exploziei Cambriene

Un rezultat interesant extras din privirea evoluției organismelor biologice prin prisma ideilor din această lucrare este că pare să rezolve misterul exploziei Cambriene. Explozia Cambriana este un eveniment important în evoluția organismelor multicelulare care oamenii de știință estimează că a început acum aproximativ 540 de milioane de ani.[40] Până atunci, înregistrarea fosilă arată că majoritatea organismelor de pe planeta Pământ erau simple, compuse în principal de organisme unicelulare, ocazional organizate în colonii. Dar în următorii 60 de milioane de ani s-au format aproape toate încrengăturile animale, cu două treimi din ele apărând în primii 20 de milioane de ani al acestei perioade (încrengăturile animale sunt formele corporale de bază pe care animalele din natură le înfățișează, ca de exemplu chordata, care include forma corporală umană și cea a altor vertebrate, antropoda, care include arahnide gen păianjeni, sau molusca, care nesurprinzător, include moluștele.) Această perioadă de 20 de milioane de ani de dezvoltare multicelulară rapidă se numește explozia Cambriană, și pentru că teoria evoluției prin selecția naturală a organismelor ce au suferit mutații aleatorii nu oferă un motiv pentru care o astfel de înflorire relativ bruscă în diversitate multicelulară ar fi putut avea loc după dezvoltarea inițială de viață multicelulară, această explozie a fost un punct de confuzie pentru oamenii de știință încă de când înregistrarea fosilelor i-a făcut posibilă descoperirea.

Dar teoria evoluției prin selecția naturală al organismelor care au suferit mutații teleologice poate oferi o explicație, deși e indirectă.

---

[40] P V Sukumaran (2004) Cambrian Explosion of Life: the Big Bang in Metazoan Evolution

Am vorbit deja despre modul în care, dacă societatea umană ar fi să-și dezvolte abilitatea de a se reproduce, oamenii ar putea ușor să vizualizeze implementarea unor derivări în proiectare în descendenții multizoa al societății umane care i-ar diferenția de părintele lor. Din perspectiva extratereștrilor de știință, aceste derivări în proiectare ar fi înțelese ca noi trăsături biologice multizoa.

Dacă totul merge bine și sunt sănătoși, descendenții societății umane ar putea probabil să se reproducă mult mai ușor decât societatea umană pentru că ei ar moșteni schița pentru sistemele corporale multizoa care le-ar permite să facă asta de la părintele lor, și deci aceste sisteme corporale ar putea să se maturizeze mult mai rapid în cazul dezvoltării lor.

Oamenii care trăiesc în aceste organisme multizoa nou-născute ar urma probabil noi posibilități de proiectare multizoa în timp ce aceste organisme s-ar reproduce, dând astfel naștere unor organisme multizoa cu noi trăsături biologice care dacă sunt de succes s-ar reproduce și ele, și asta s-ar aplica și următoarelor generații, și-așa mai departe (În timpul acestei perioade, ar putea să apară oameni în domeniul proiectării multizoa a căror contribuții în acest domeniu ar deveni standardul, așa cum se întâmplă în orice domeniu explorat de oameni.) Toate acestea s-ar traduce în ramificarea organismelor multizoa în noi specii, și asta ar putea fi înregistrată de colecția de fosile care este analizată de extratereștrii de știință ca o diversificare rapidă a vieții multizoa.

Drept consecință, navele stelare umane observate de extratereștrii de știință care vizitează acest colț de univers după atâta timp ar fi probabil rezultatul experienței pe care oamenii au adunat-o formând societăți timp de eoni; aceste nave stelare ar fi deci foarte adaptate la mediul lor, cu un corp care ar prezenta un nivel substanțial de complexitate, cu sisteme corporale foarte integrate între ele. Dar această complexitate înseamnă că dacă ar fi implementată o schimbare structurală fundamentală în proiectarea lor, să zicem în modul în care digerează resurse din mediul lor, chiar dacă ar fi făcută cu cele mai bune intenții, este foarte posibil că această derivare în proiectare să se reverse în sistemele corporale adiacente într-un mod imprevizibil, de exemplu în unitățile sale centrale de procesare a informației, și să afecteze organismul în detrimentul funcționării sale optime. Deci, atâta timp cât mediul în care trăiesc aceste specii multizoa - la care corpul lor este atât de bine adaptat - nu ar suferi schimbări dramatice, riscul implementării unor schimbări fundamentale în proiectarea lor ar întrece potențialele beneficii. Aplicând același principiu tuturor speciilor multizoa care sunt foarte adaptate la mediul lor și care au sisteme corporale complexe, ce ar arăta probabil înregistrarea fosilelor multizoa este o apariție rapidă al unor noi tipuri multizoa după dezvoltarea capacității de a se reproduce al organismului protomultizoa, și cu cât mutațiile teleologice dezvoltate generație după generație de organisme multizoa ar face descendenții organismului promotomultizoa să fie mai eficient adaptate la mediul lor și mai complexe, diversificarea tipurilor multizoa ar încetini.

Acea perioadă inițială de apariție rapidă ar contrasta în înregistrarea fosilelor multizoa cu perioada de schimbări macroscopice multizoa relativ mici ce ar urma, oferind astfel perioadei inițial un caracter "exploziv" care fără îndoială i-ar lăsa întrebători pe extratereștrii de știință dacă ar încerca ei să-l înțeleagă prin prisma evoluției multizoa prin selecția naturală a organismelor multizoa care au suferit mutații aleatorii, cam ca și felul în care misterul exploziei Cambriene i-a afectat pe oamenii de știință.

Dar așa cum am văzut, dacă înlocuim factorul aleatoriu cu cel teleologic - adică, cu teoria evoluției prin selecția naturală a organismelor care au suferit mutații teleologice (trecând cu vederea posibila imprevizibilitatea al rezultatului final) - se poate oferi o explicație plauzibilă.

Deci, pentru a sumariza acest capitol într-un limbaj care se aplică ambelor organisme discutate, teoria evoluției prin selecția naturală a organismelor care au suferit mutații teleologice prezice că e probabil să apară multe noi derivări în design al unui protoorganism în descendenții săi după dezvoltarea sistemelor corporale care îi oferă posibilitatea să se reproducă, și că în timp ce derivările lor în design ar face aceste organisme tot mai eficiente în mediul lor și tot mai complexe generație după generație, structura lor de bază (sau formele sare corporale) ar prinde tot mai multă stabilitate. Această teorie este în acord cu explozia Cambriană, și prezice un eveniment multizoa similar care va urma după dezvoltarea capacității societății umane de a se reproduce.

## VII. Concluzie - Evoluția Organismelor Prin Selecția Naturală A Indivizilor Care Au Suferit Mutații Teleologice Favorabile

Să sumarizăm deci abordarea evoluției pe care o introduce această lucrare, și principalii pași parcurși pentru a o atinge:

Am văzut cum din perspectiva extratereștrilor de știință, noile trăsături biologice dobândite de organismele multizoa ar putea fi percepute ca și rezultatul unor mutații aleatorii, din cauza faptului că ei nu au acces informațional la lumea umană datorită barierei mărime-viteză dintre lumea noastră și a lor. Cu toate acestea din perspectiva umană, aceste mutații (exemple din ziua de azi includ dezvoltarea zgârie-norilor, a drumurilor betonate, etc.) nu sunt percepute deloc ca fiind aleatorii; de altfel, ele pot fi văzute ca produsul a nenumărate minți umane, creații umane, eforturi umane, și deci ele sunt teleologice - sunt făcute cu scop.

Într-un mod similar, oamenii descriu dezvoltarea noilor trăsături biologice dobândite de organisme multicelulare ca fiind produsul unor mutații aleatorii. Dar noi știm că există o diferență în mărime și viteză între oameni și celule care e similară cu diferența în mărime și viteză între extratereștrii de știință și oameni, și dacă extratereștrii de știință nu sunt în stare să recunoască logica alegerilor făcute de oameni moment de moment în mediul lor natural, alegeri care duc la dezvoltarea noilor trăsături multizoa în mare parte din cauza acestei diferențe, atunci s-ar putea ca nici noi să nu putem să facem asta când vine vorba de celule individuale. Astfel putem argumenta că aceste așa-zise mutații celulare aleatorii nu sunt deloc aleatorii, că ele sunt de fapt mutații teleologice ale căror dezvoltare nu le putem urmări de la mărimea-viteza noastră din cauza barierei impuse de diferența în spațiu-timp dintre lumea noastră și lumea unei celule.[41]

Cu toate acestea, asta nu înseamnă că aceste mutații sunt preplănuite în totalitate. La fel cum invenția presei scrise sau a computerului a fost în general imprevizibilă, și a implicat deseori combinarea cu scop a unor întâmplări complet neprevăzute ce au avut loc în societatea umană, mutațiile ce duc la evoluția organismelor multicelulare pot fi imprevizibile, și pot implica celule

---

[41] Cu excepția ideii generale că ele corelează cumva cu schimbări genetice și epigenetice în ADN.

și rețele de celule care profită de întâmplări neprevăzute în organismele din care ele fac parte prin combinarea lor cu scop.

În același timp, faptul că mutațiile sunt teleologice nu înseamnă că selecția naturală nu joacă un rol important în dezvoltarea lor. Într-adevăr, chiar dacă e făcută cu cele mai bune intenții de unitățile sale de bază, implementarea unor noi trăsături biologice într-un organism poate duce la schimbări imprevizibile, nefavorabile care să fie în detrimentul abilității organismului de a supraviețui și de a înflori în mediul său, și acele organisme care sunt de succes, care sunt bine adaptate la mediul lor sunt cele care sunt "selectate în mod natural" să-și perpetueze specia. Dar ceea ce este selectat în mod natural se schimbă, pentru că în loc să fie vorba de organisme care dobândesc noi trăsături biologice prin mutații aleatorii, este selecția naturală a organismelor care suferă mutații teleologice.

Uitându-ne la evoluția organismelor multicelulare în această lumină, o serie de mistere în acest domeniu par să fie explicate, cum ar fi:

a. Modul în care noi trăsături biologice sunt encodate în ADN-ul organismelor - în loc să fie rezultatul unui proces aleatoriu, este efectuat de celule, care de la mărimea-viteza lor știu cum să realizeze asta.

b. De ce a avut loc explozia Cambriană - este similară cu potențiala explozie în diversitatea organismelor multizoa care ar avea loc odată ce societatea umană dobândește abilitatea de a se reproduce.

# O NOUĂ ABORDARE A MORALITĂȚII: FĂ PENTRU VECINUL TĂU CEEA CE AI VREA CA CELULELE DIN CORPUL TĂU SĂ FACĂ PENTRU CELULELE LOR VECINE

Cea mai des întâlnită noțiune seculară a moralității întâlnită azi, având în vedere ultimele descoperiri legate de locul societății umane în univers, este cea a relativismului moral, înțeleasă aici ca însemnând că ceea ce e moral acceptabil pentru tine poate să nu fie moral acceptabil pentru mine bazat pe credințele noastre. Adică moralitatea e relativă, în funcție de observator. Analizată logic și la rece, această perspectivă duce în mod invariabil la concluzia că fiecare ar trebui să facă ceea ce-și dorește, atâta timp cât nu este prins (cel puțin atunci când vine vorba de acte moral discutabile.) Deși e o concluzie rareori numită cu voce tare, este una care e des aplicată.

Această lucrare va construi pe punctele principale atinse în prima din cele trei lucrări surori ale aceste serii pentru a oferi o nouă abordare a moralității, una care deși e în întregime seculară și bazată pe materialism, se află în contrast cu cea a relativismului moral.  Preceptul principal acestei noi abordări a moralității este "Fă pentru vecinul tău ceea ce ai vrea ca celulele din corpul tău să facă pentru celulele lor vecine."

# Prefață

Această lucrare se bazează pe experimentul de gândire și conceptele învecinate introduse în prima din cele două lucrări surori ale sale, " Pot Gândurile Conștiente Să Fie Considerate "Opere De Artă" Create De Celule, La Fel Cum Filmele, Cărțile, Jocurile Video Sunt Opere De Artă Create De Oameni?"și " Pot Noile Trăsături Biologice Ale Organismelor Multicelulare Să Fie Considerate Invenții Celulare, La Fel Cum Motorul Cu Aburi, Mașina, Observatorul Astronomic Sunt Invenții Create De Oameni?" Vom continua deci această prefață cu citarea câtorva pasaje din prima lucrare care sunt relevante subiectului nostru prezent, dar chiar și-așa se recomandă ca amândouă lucrări să fie citite întâi, pentru a deține o înțelegere fermă a abordării generale efectuată în această lucrare:

*"Pentru mult timp după ce microscoapele le-au permis descoperirea, celulele au fost în general privite ca nu mai mult decât niște simple mașinării, sau in cel mai bun caz fabrici moleculare.*[42]

*Dar odată cu îmbunătățirea continuă a designului microscoapelor, a metodelor de înregistrare a activităților celulelor și a tehnicilor de colorare a celulelor, s-a ajuns tot mai mult la concluzia începând cu sfârșitul secolului douăzeci că celulele (în această lucrare punem accent pe celulele nervoase), sunt de fapt niște entități unice, independente, de multe ori imprevizibile. Dovezi în favoarea acestei teorii pot fi găsite astăzi în cât de variate și complexe se consideră*

---

[42] Vezi Edwin W. Taylor, Thomas D. Pollard (Feb 2001) *E.B. Wilson Lecture: The Cell as Molecular Machine* pentru un exemplu. Preluat de la http://www.ncbi.nlm.nih.gov/pmc/articles/PMC30940/

*metodele de comunicare dintre celule[43], numărul substanțial de noi tipuri de celule nervoase care sunt descoperite[44], paleta crescândă de factori care învățăm că influențează acțiunile celulelor,[45] etc. (Pentru mai multe despre asta, poate fi vizitat blogul excelent pe acest subiect al lui Jon Lieff.[46])*

*Celulele sunt mult mai mici decât oamenii. În același timp, celulele se mișcă mult mai rapid decât oamenii (din nou, punem accent pe celulele nervoase, care este documentat că pot transmite peste o sută de impulsuri nervoase în fiecare secundă) - dar asta e adevărat numai dacă interpretăm lucrurile din perspectiva noastră umană. Nu înseamnă că celulele sunt mici, sau că se mișcă foarte rapid din perspectiva unei celule - de fapt, având în vedere faptul că activitatea și comunicarea celulară trebuie să fie foarte precise în ciuda zonei microscopice în care se desfășoară și a vitezei lor impresionante din punct de vedere uman, dovezile indică contrariul. Ne vom întoarce la tema relativității timpului de-al lungul lucrării, dar de dragul argumentului, întreține această presupunere începând din acest punct: Că o zi ce trece din perspectiva unui om poate fi egală cu trecerea unui an din perspectiva unei celule. (Din nou, accentul este pe celule nervoase.)"*

---

[43] Jon Lieff (September 21, 2014 )*The Remarkable Language of Cells*. Retrieved from http://jonlieffmd.com/ blog/the-remarkable-language-of-cells
[44] Jon Lieff (October 12, 2014 ) *How Many Different Kinds of Neurons Are There*. Retrieved from http://jonlieffmd.com/blog/how-many-different-kinds-of-neurons-are-there
[45] Jon Lieff (October 19, 2014 ) *Does Activity Determine Synaptic Creation and Pruning* Retrieved from http://jonlieffmd.com/blog/does-activity-determine-synaptic-creation-and-pruning
[46] http://jonlieffmd.com/

"*Bazându-ne pe punctele care au fost atinse până acum, putem întreține posibilitatea că **atenția conștientă a unui om este practic compusă din elementele sintetizate de către celulele nervoase și rețelele de celule nervoase ale acelui om care au calitățile necesare să atragă atenția lor colectivă** (e.g. anumite idei, sentimente, senzații, etc.), **și că această atenție conștientă nu este foarte diferită în natură de atenția colectivă a oamenilor din societatea umană**, care este practic compusă din elementele sintetizate de oameni și rețele de oameni (e.g. melodii, cărți, filme...orice elemente a cărei esență se găsește în informația pe care o transmite, și nu în baza sa fizică) care au calitățile necesare să devină foarte populare. Aceasta este teoria cunoașterii-împreună a conștienței.*"

„Dar putem oferi și alte dovezi în favoarea acestei ipoteze? Pentru a adresa această întrebare, întrețineți următorul experiment de gândire:

Imaginați-vă că un grup de extratereștrii foarte mari (fiecare dintre ei având aproximativ mărimea planetei noastre), și în același timp foarte înceți (pentru care un an uman ar fi echivalentul ca și durată de timp a unei singure zile) descoperă la un moment dat în timpul călătoriilor lor prin galaxii că naveta lor spațială semnalează o "fluorescență ciudată" emanată de pe suprafața unei planete. Drept consecință, pe cât sunt de mari, ei se apropie de vecinătatea acestei planete - care, desigur, e de fapt Terra - și neașteptat, descoperă societatea umană crescând pe suprafața ei. De asemenea, imaginați-vă că este pentru prima oară când ei descoperă ceva de genul acesta de-al lungul întregii lor istorie de explorare spațială. Ei sunt de fapt niște ființe extrem de diferite de noi. În situația lor, cum ar defini ei societatea umană? Din *perspectiva lor (așa de mare și așa de...înceată) ei ar vedea societatea umană ca un tot unitar - ca un fel de ciupercă sau un mușchi întins de-al lungul suprafeței Pământului (nu foarte diferit de modul în care o persoană vede corpul uman ca un tot unitar, deși noi știm că acel corp este de fapt format din celule.) Chiar dacă ei s-ar uita la societatea umană, acești extratereștrii nu ar putea percepe oamenii individual la început, pentru că pentru ei oamenii ar fi de o mărime microscopică.*

*Să ne imaginăm în schimb că aceste sunt forme de viață orientate științific, așa că ele ajung să folosească endoscoape, microscoape și-așa mai departe să analizeze această "ființă" ce crește pe suprafața planetei până la structura sa microscopică....și drept urmare descoperă existența oamenilor. După o tură sănătoasă de observare, nu ar ajunge acești extratereștrii de știință să numească oamenii în final unitățile fundamentale din punct de vedere structural și funcțional al societății umane, responsabili de lucruri gen metabolismul societății umane, creșterea corpului său, etc. la fel cum noi definim celula ca și unitatea fundamentală din punct de vedere structural și funcțional al corpului uman? Din perspectiva lor, probabil că da.*

*Dar în același timp, nu ar avea acești extratereștrii imenși și înceți o viziune despre oameni foarte simplistă din cauza informației limitate pe care ei (și instrumentele lor) ar putea să le recepteze din acțiunea umană complexă, din cauza diferenței în mărime și viteză dintre noi și ei? De exemplu, ei nu ar putea să decodeze comunicarea verbală umană. Un monolog susținut de o persoană timp de o oră ar fi compresat în spațiu și în timp pentru extratereștrii de știință într-un scurt moment...un "impuls de sunet" cel mult, și asta dacă instrumentele lor ar fi echipate să recepteze comunicarea verbală umană chiar și-atât. Această situație nu e* *foarte diferită de felul în care noi interpretăm interacțiunile electrice\electrochimice dintre celulele nervoase ca fiind "impulsuri nervoase", și nu vorbire celulară sau ceva de o asemenea complexitate. Cu alte cuvinte, perspectiva extratereștrilor de știință începe să devină foarte similară cu perspectiva noastră umană când vine vorba de celule."*

*"...Pentru a ilustra potența analogiei dintre relația extratereștrilor de știință cu un om și relația unui om cu o celulă, **imaginați-vă că extratereștrii de știință decid să trimită un asteroid înspre Pământ de la o distanță destul de mare pentru a emula un scenariu natural, ca mai apoi ei să stea deoparte și să înregistreze rezultatele. Și să zicem că astronomii noștri observă asteroidul în timp util, și că în final decidem să trimitem o rachetă pentru a neutraliza obiectul periculos. Nu ar interpreta extratereștrii de știință trimiterea rachetei ca și acțiunea societății umane din cauza mărimii și vitezei lor, și nu rezultatul a nenumărați oameni care ar fi implicați într-o astfel de operațiune defensivă? Și nu este similar cu modul în care de exemplu noi interpretăm prinderea unei mingi în timpul unui meci de sport ca acțiunea persoanei care a prins-o, deși noi știm că corpul acelei persoane este de fapt format din nenumărate celule, care acționează în unison pentru a prinde mingea? Este pur și simplu natural din perspectiva mărimii și vitezei umane să se interpreteze lucrurile în acest mod în al doilea caz, la fel cum este natural din perspectiva mărimii și vitezei extratereștrilor de știință să se interpreteze trimiterea rachetei ca și acțiunea societății umane.**[47]..."*

---

[47] O descriere mai amănunțită al experimentului de gândire cu extratereștrii de știință și ale variatelor sale utilizări, cât și o explicație a motivului pentru care este o analogie așa de potentă pentru relației omului cu o celulă poate fi găsită în

*"...Imaginați-vă din nou modul în care societatea umană arată din perspectiva extratereștrilor de știință. Privește-o ca un organism care crește pe suprafața planetei. Ar arăta ca un organism, desigur, dar este ea un organism multicelular? Nu, un organism multicelular este prin definiție unul a cărui unități fundamentale din punct de vedere structural și funcțional sunt celulele. Atunci ce fel de organism este societatea umană? Păi dacă un organism multicelular este un organism a cărui unități fundamentale din punct de vedere structural și funcțional sunt celulele, atunci să definim organismele a căror unități fundamentale din punct de vedere structural și funcțional sunt organismele multicelulare ca fiind organisme multizoa.[48]*

*Să ne uităm deci la societatea umană ca fiind un organism multizoa. Ce poate fi spus despre el? O primă concluzie interesantă care se prezintă este că societatea umană este un organism care s-a format prin auto-organizare, primul de felul său. El nu are niciun părinte. Asta stă în contrast cu orice organism multizoa similar cu societatea umană care ar putea să apară pe viitor, pentru că și-ar putea trasa originile la societatea umană. De exemplu, dacă ar fi să dezvoltăm capacitatea călătoriei interstelare, coloniile pe care le-am stabili pe alte planete ar apărea printr-un proces care poate fi numit reproducție multizoa din perspectiva extratereștrilor de știință. Și relația dintre societatea umană și orice organism multizoa care și-ar trage descendența din ea ar fi foarte asemănătoare cu relația dintre prima celulă care a apărut în natură (numită*

---

cartea *In Principio Res* de Narcis Marincat (2014), de unde această lucrare își trage inspirația.

[48] Zoia vine din greacă și înseamnă "animale".

*protocelula de oamenii de știință) și toate celelalte celule care s-au descins din ea prin reproducție; Sau relația dintre primul organism multicelular, și toate celelalte organisme multicelulare care i-au fost descendente.*

*Acum, a fost primul organism multicelular conștient în același fel în care un om din ziua de azi e conștient? Desigur că nu. Conștiența a evoluat de-al lungul multor generații multicelulare pentru a ajunge la nivelul la care este astăzi, așa că putem spune că conștiența acelui prim organism multicelular - dacă ar fi să o numim conștiență - ar fi fost primitivă în comparație cu conștiența oamenilor ce trăiesc în prezent. În concluzie, putem extrapola că elementele care apar în atenția colectivă a oamenilor ce locuiesc în societatea umană astăzi sunt probabil primitive în comparație cu elementele care vor apărea în atenția colectivă a oamenilor care vor locui în oricare descendent multizoa al societății umane."*

# I. Introducere

Așa cum a fost conturat în prefață, punctele relevante subiectului prezent pe care prima lucrare le-a atins sunt:
   a. Că societatea umană este un organism multizoa - adică, un organism al cărui unități fundamentale din punct de vedere structural și funcțional sunt organismele multicelulare, în special oamenii, la fel cum corpul uman este un organism multicelular - adică, un organism a cărui unități fundamentale din punct de vedere structural și funcțional sunt celulele, în special celulele umane.
   b. Că conștiența umană este în esență compusă din acele elemente (idei, sentimente, senzații) sintetizate de către celulele și rețelele de celule din sistemul nervos al unui om

asupra cărora aceste celule și rețele de celule se concentrează în mod colectiv, nu foarte diferit de modul în care unele din elementele sintetizate de oameni (cărți, filme, melodii....practic, orice element a cărui esență se află în informația pe care o conține și nu în materialul din care e făcut) au calitățile necesare să atragă atenția colectivă a oamenilor din societatea umană și deci să devină foarte populare, binecunoscute. Aceasta este teoria cunoașterii-împreună a conștienței.

Cu alte cuvinte, tu ești conștiența unui organism (corpul tău uman) a căror gânduri și acțiuni se nasc din acțiunile, interacțiunile, alegerile unităților sale de bază - celulele tale; Și în același timp, tu ești o unitate de bază în alt organism (societatea umană), cu acțiunile, interacțiunile, contribuțiile, alegerile tale dând naștere și contribuind la atenția colectivă a oamenilor (care pe baza acestei teorii pot fi considerate gândurile conștientele ale societății umane) și la proiectele la care oamenii din toată societatea umană participă împreună (din care acele proiecte care au un efect vizibil în afara societății umane pot fi considerate acțiunile conștiente ale societății umane - ca de exemplu trimiterea rachetei pentru a distruge asteroidul).

Pentru o formulare mai pregnantă, și de asemenea pentru a o pune într-o formă mai definitivă:

Tu ești conștiența unui organism (corpul tău uman) a căror gânduri și acțiuni se nasc din acțiunile, interacțiunile, alegerile unităților sale de bază - celulele tale; Și în același timp, tu ești o unitate de bază în alt organism (societatea umană), cu acțiunile, interacțiunile, contribuțiile, alegerile tale dând naștere și contribuind la gândurile și acțiunile conștiente ale acestui organism.

Luând toate acestea în considerare, se înțelege că sănătatea ta, bunăstarea ta (atât ca și conștiența corpului tău cât și ca un om ca întreg) este strâns legată de sănătatea și bunăstarea celulelor tale. Și atunci, întreabă-te, cum ți-ai dori ca unitățile de bază al corpului tău, celulele tale, să se poarte față de celulele lor vecine în corp? Oricare ar fi răspunsul, tu, ca și o unitate de bază în societatea umană, ar trebui să cauți să-ți tratezi vecinul în același fel. Pentru că tu ești în societatea umană ceea ce celulele din corpul tău sunt pentru tine, și dacă îți dorești ca celulele din corpul tău de exemplu să trateze celulele lor vecine din corp cu empatie pentru ca să înflorești și să prosperi, atunci și tu ar trebui să cauți să faci la fel pentru vecinii tăi, pentru ca societatea umană să prospere. Cu alte cuvinte, preceptul moral care poate fi extras de aici este **fă pentru vecinul tău ceea ce ai vrea ca celulele din corpul tău să facă pentru celulele lor vecine.**

În același timp, gândurile tale conștiente sunt elemente sintetizate de celulele tale, la fel cum elementele pe care tu le sintetizezi ar putea să iasă în atenția colectivă a oamenilor (i.e. pot deveni foarte populare în societatea umană). Și atunci, întreabă-te, ce fel de elemente ai vrea ca celulele din corpul tău să sintetizeze și să ajute să eleveze în conștiența ta? Și aici oricare ar fi răspunsul, tu, ca și unitate de bază în societatea umană, ar trebui să tratezi atenția colectivă a oamenilor în același fel, pentru că tu ești pentru atenția colectivă a oamenilor ceea ce celulele din corpul tău sunt pentru conștiența ta. De exemplu, să asumăm faptul că tu vrei ca celulele (nervoase) din corpul tău, atunci când e posibil, sintetizeze și să eleveze în conștiența ta gânduri utile, creative care-ți aduc fericire (ca de exemplu un gând comic), care produc sentimente de fascinație (ca un gând care se referă la minunăția simplului fapt că ești viu), care te ajută să stabilești scopuri bune (ca și cel de a mânca sănătos sau de a face exerciții fizice pentru a fi în formă), și care te ajută să atingi acele scopuri intr-un mod inteligent și empatetic față de unitățile tale de bază (empatetic în sensul că dacă ar fi să îți vină o idee creativă legată de cum să atingi scopul pe care ți l-ai propus într-un mod care presupune să-ți tai mâna dreaptă, probabil că nu ai fi foarte mulțumit de ea). Într-un cuvânt, elemente care fac organismul care ești un loc mai bun pentru cel mai mare număr de celule ale tale. Bazat pe teoria cunoașterii-împreună a conștienței, asta înseamnă că a. astfel de elemente sunt sintetizate de către celulele din sistemul tău nervos, și b. că celulele tale\rețelele tale de celule ale tale pasează aceste elemente mai departe între ele până când aceste elemente își fac apariția în atenția lor colectivă\conștientul tău. Și-atunci, ar trebui să cauți să sintetizezi și să ajuți la elevarea în atenția colectivă a oamenilor elemente care aduc populației generale de oameni sentimente de fascinație, elemente care au potențialul să genereze fericire generală, elemente care ajută la stabilirea unor scopuri de care să beneficieze societatea umană ca tot - adică, scopuri care se referă la populația generală de oameni și cu care populația generală se poate pune de-acord - și elemente care ajută la realizarea acestor scopuri intr-un mod inteligent și empatetic față de toți oamenii (împărtășind elemente de care știi care consideri că dețin aceste calități cu membrii mediului tău social)... Într-un cuvânt, elemente care au potențialul să ajute să facă societatea umană un loc mai bun pentru cel mai mare număr de oameni. Aceste elemente pot fi de orice natură, de la cărți la show-uri TV, lucrări academice, invenții....elemente care sunt sintetizate sau descoperite de oameni din toată lumea. Deci preceptul moral care poate fi extras de aici este **fă pentru atenția colectivă a oamenilor ceea ce ai vrea ca celulele din corpul tău să facă pentru conștiența ta.**

Acestea sunt deci cele două precepte principale din această abordare a moralității:
Fă pentru vecinul tău așa cum ai vrea celulele din corpul tău să facă pentru celulele lor vecine.
și
Fă pentru atenția colectivă a oamenilor din societatea umană așa cum ai vrea ca celulele din corpul tău să facă pentru conștiența ta.

Merită menționat însă că nimeni nu este obligat să urmeze aceste precepte morale în orice fel dintr-o perspectivă spirituală. Ele sunt precepte morale materialiste care se nasc strict din juxtapunerea organismelor - al corpului uman și a societății umane - și singurul motiv pentru care ar trebui să fie urmate este că **sunt logice și utile,** atât pentru fiecare persoană ca individ cât și pentru societatea umană ca tot. În această introducere și în următorul capitol ne referim la baza logică a acestor precepte.[49] După aceea, vom adresa utilitatea lor.

---

[49] Pentru cei care nu sunt satisfăcuți cu scurta explicație legată de baza logică a acestor precepte morale, puteți găsi o explicație mai detaliată și mai tehnică la www.inprincipiores.com/wp-content/uploads/2015/O_Noua_Abordare_A_Moralitatii_Anexa_-_Argumentarea_Logicii.pdf
Această explicație detaliată a fost plănuită inițial ca un capitol al acestei lucrări, dar a fost sustras în numele simplității și a brevității.

# II. Contraargument: Validitatea Dorințelor Conștiente

Un contraargument care poate fi adus acestor precepte este teoria că ele sunt bazate doar pe dorințele conștiente ale omului pentru unitățile sale de bază. (e.g. tu dorești în mod conștient ca celulele tale să se poarte în mod empatetic unele cu celelalte, tu dorești ca ele să eleveze cele mai bune elemente in atenția lor colectivă...) și ce dovezi sunt pentru faptul că dorințele tale conștiente sunt valide în acest caz?

Dar motivul pentru care dorințele tale conștiente sunt valide poate fi argumentat din cel puțin două direcții:

În primul rând, pentru că tu ești mai "inteligent" decât celulele tale individuale, adică gândurile tale conștiente sunt elementele care celulele și rețelele de celule din corpul tău le-au considerat demne de adus în atenția lor colectivă prin faptul că le-au asimilat și le-au împărtășit în mediul lor social, așa că ele sunt o selecție atentă a tot ceea ce sintetizează celulele tale și rețelele tale de celule, și deci opiniile tale conștiente dețin multă greutate.[50]

Și în al doilea rând pentru că tu, ca și conștiența corpului tău, dorești ce e cel mai bun pentru celulele tale, atât la nivel individual cât și la nivel colectiv - atât logic, pentru că bazat pe teoria cunoașterii-împreună a conștienței, asta va duce la înflorirea ta. Cât și intuitiv, pentru că tu te simți bine atunci când celulele tale se simt bine la nivel colectiv. (De examplu, atunci când celulele tale trebuie să se lupte împotriva unei infecții te simți rău, bolnav. Dar când celulele din tot corpul tău înfloresc și lucrează în armonie unele cu celelalte, te simți bine, sănătos.)

---

[50] Pentru o analiză mai detaliată a acestui aspect al conștienței umane, vezi Narcis Marincat (2014) In Principio Res, Capitolul IV, #2.

Traducând asta să se aplice societății umane, dacă această lucrare (sau orice alt element care recomandă aceste principii morale) apar în atenția colectivă a oamenilor și dobândesc aprobarea generală a oamenilor, preceptele morale mai sus menționate vor avea aceleași calități în relație cu oamenii individuali.

# III. Utilitatea Preceptelor Morale Menționate

Așa cum s-a notat mai devreme, aceste precepte morale nu au un fundament metafizic, ci unul materialist. Cu alte cuvinte, ele ar trebui să fie urmate pentru că sunt **logice și folositoare.**

În ultimele două capitole ne-am referit pe scurt la fundamentul lor logic. În acest capitol și în cele ce vor urma, vom adresa utilitatea lor.

Contraargumentele la utilitatea lor pot fi aduse în special la nivel individual: Unele persoane ar dori să indice faptul că există un anumit număr de oameni în prezent în societatea umană care se bucură de o viață foarte plăcută (ce, desigur, se extinde familiei lor și celor dragi) întocmai pentru că nu urmează preceptele morale descrise, ci dimpotrivă pentru că urmează concluzia finală al relativismului moral menționat in abstractul lucrării (fiind de exemplu, lacomi și nemiloși.)

Acest presupunere este formată din două părți:
1. Că aleg să nu urmeze aceste precepte morale.
2. Că au o viață foarte plăcută pentru că nu urmează aceste precepte morale.

Prima parte este un punct secundar la care vreau totuși să mă refer, în timp ce a doua parte este conectată în mod direct de subiectul acestui capitol.

Legat de prima, vreau să notez faptul că a vedea societatea umană ca un organism, a vedea conștiența ei ca atenția colectivă a oamenilor este o perspectivă a lumii care nu a fost valabilă până acum, așa că faptul că unii oameni nu aplică aceste precepte morale - și, poate mai important, faptul că unii oameni au dobândit specializări umane care (căzând de acord cu concluzia finală a relativismului moral) sunt in contrast cu aceste precepte morale, cu toate obiceiurile pe care le-au acumulat în timpul procesului, este de înțeles.

În același timp, orice om care a încercat să-și schimbe obiceiurile știe că nu este ușor de realizat, deci orice persoană matură a acestei generații care, urmărind firul logic ce pornește de la a vedea societatea umană ca organism, caută să-și schimbe obiceiurile pentru a cădea de acord cu concluziile morale scoase la iveală aici este de lăudat - și nu, aceia care-și mențin obiceiurile chiar dacă se află în contrast cu aceste concluzii nu sunt de condamnat. Pentru următoarele generații va fi mai ușor să aibă o perspectivă obiectivă asupra valorii acestor concluzii, pentru că ei vor putea să le cunoască înainte de a acumula obiceiuri care se află în contrast cu aceste precepte morale.

Cât despre numărul doi - adică, faptul că unii oameni duc o viață plăcută (care, desigur, se extinde familiei lor și celor dragi) tocmai pentru că nu urmează aceste precepte morale, asta pare adevărat numai dintr-o perspectivă îngustă, pe termen scurt, care nu ia în considerare faptul că:

a.  Dezvoltarea reproducerii multizoa, care va îmbunătăți substanțial calitatea vieții pentru oamenii ce se vor naște în viitor, inclusiv pentru descendenții persoanelor mai sus menționate și a familiilor lor, are nevoie de cooperarea oamenilor din toată societatea umană funcționând la nivelul lor

optim. (ceea ce aceste precepte moral recomandă ca noi să căutăm să realizăm.) (Capitolul IV & V)
b. Asigurarea necesităților de bază pentru oamenii din toată societatea umană într-un mod sustenabil și necondiționat (un scop care, așa cum vom arăta, se naște în mod natural din urmărirea cursului logic ale acestor precepte morale) va crește probabilitatea că elemente vor fi sintetizate în mod imprevizibil în societatea umană care vor avea potențialul să facă lumea un loc mai bun pentru toți, inclusiv pentru acei oameni care au în prezent cea mai multă putere și influență în societatea umană, sau cei ce se consideră într-o situație mai bună pentru că nu urmează aceste precepte morale. (Capitolul VI & VII)

# IV. Utilitate: Experimentul De Gândire Al Regilor

Dacă ar trebui să alegi, ai prefera ca descendenții tăi să fi trăit ca și regi în Europa secolului 13, sau ca și oameni de clasă mijlocie relativ prosperi în societatea contemporană? Și pentru a avea o bună perspectivă a acestei întrebări, să luăm exemplul regelui Edward I al Angliei, care a condus Anglia în secolul treisprezece, și familia sa. Trăind în palat, bucurându-se de mâncare bună, apă curată, și o echipă mare de servitori, familia regelui Edward a avut o viață luxuriantă în comparație cu cea a oamenilor de rând din Europa medievală. Cu toate acestea, dovezile istorice dezvăluie că dintre cei 16 copii pe care i-a avut soția regelui, regina Eleanor, între anii 1255 și 1284[51], 10 dintre ei au murit în timpul copilăriei. Numai 6 din ei au reușit să trăiască peste vârsta de 11 ani. Dintre ei, 3 -

---

[51] Yuval Noah Harari (2014) Sapiens: A Brief History Of Humankind

numai 18% - au trăit mai mult de 40 de ani, deși familia roială a avut cei mai buni doctori din acea perioadă la dispoziția lor. Aceste statistici neplăcute sunt rezultatul faptului că medicina era o știință primitivă în acea perioadă, neputând să facă prea multe pentru a păstra în siguranță copii chiar și celor mai afluenți membrii ai societății. În schimb dacă e să derulăm timpul, vedem că astăzi, mulțumită contribuțiilor aduse în aceste ultime secole de către oameni ce-au trăit în toată societatea umană, multe dintre bolile care au afectat copii în vremurile trecute nu mai prezintă un pericol constant pentru copii oamenilor de rând în lumea industrializată. Mai mult, speranța de viață a fost dublată de la 30 și ceva de ani la aproximativ 64 de ani în toată lumea. Dar medicina nu e singurul domeniu uman de studiu care ar fi putut fi considerat primitiv în acea perioadă în comparație cu cum e azi. La fel s-a întâmplat și cu celelalte științe, arte, și tehnologie. Calitatea vieții a fost îmbunătățită dramatic, cu mult mai multe posibilități în practic toate aspectele vieții oferite oamenilor de toate clasele sociale. Drept urmare deși erau personalități roiale, calitatea vieții, lărgimea orizontului lor, posibilitățile pe care regele Edward și familia sa le-au avut la dispoziție ca ființe umane erau chiar limitate în comparație cu cele valabile pentru chiar o persoană de clasă mijlocie ce trăiește astăzi în societatea industrializată. Printre altele era lipsa cunoștințelor despre lumea din jurul lor: Ei știau foarte puține sau nimic despre legile naturii ca gravitația, compoziția stelelor, atomi, celule, etc...Se poate spune că erau ignoranți, dar desigur asta nu era din vina lor...multe din contribuțiile umane care au devenit cunoștințele prezente despre lume pe care le folosim pentru a ne atenua ignoranța (atât cât putem) pur și simplu nu existau pe atunci.

Și atunci, reformulând această întrebare având în vedere posibilitățile din ziua de azi, ai vrea ca descendenții tăi să aibă multă putere și influență în organismul din care facem parte așa cum este el în acest stadiu al dezvoltării sale, sau ai vrea ca ei să fie "de clasă mijlocie" într-un organism care este la fel de diferit față de al nostru ca și societatea umană din secolul treisprezece față de societatea noastră umană din prezent? Ce crezi c-ar prefera ei? Răspunsul ar putea să fie a doua variantă, dar în acest stadiu de dezvoltare al societății umane, pentru ca diferența dintre lumea noastră și cea a descendenților noștri să fie la fel ca și diferența dintre Europa secolului treisprezece și lumea noastră, oamenii ar trebui să lucreze împreună ca un singur organism. Și în special pentru că numai printr-o operațiune masivă, pe scală largă și pe termen lung care ar include oameni din toată societatea umană am putea să dezvoltăm capacitatea societății umane de a se reproduce.

## V. Utilitate: Reproducere Multizoa

Diferența dintre prima celulă care a apărut în natură - protocelula - și celulele moderne ca cele din corpul uman este enormă - celulele din ziua de azi sunt mult mai evoluate, mai complexe, mai adaptate la mediul lor, etc. În același timp, diferența dintre primul organism multicelular și oamenii din ziua azi nu se lasă mai prejos - organismele multicelulare au evoluat foarte mult din timpul apariției inițiale a vieții multizoa în mai toate aspectele, nu numai în abilitățile conștienței lor.

Acum, a fost deja menționat în celelalte lucrări și în prefața acesteia că societatea umană este un organism protomultizoa - adică, este primul organism de felul său, format prin auto-organizare, el nu are niciun părinte. Și dacă e să ne luăm după diferența dintre prima celulă care a apărut în natură și toate celelalte celule care au venit după ea, sau de altfel după diferența dintre primul organism multicelular care a apărut în natură și toate celelalte organisme multicelulare care au venit după el, atunci societatea noastră umană este probabil foarte primitivă în comparație cu potențialii săi descendenți multizoa - cu alte cuvinte, coloniile pe care le-am stabili noi pe alte planete, sau navele stelare pe care le-am construi și succesorii lor ar ajunge să fie mult mai evoluate, să depășească probabil societatea umană în toate domeniile.

Și asta ar însemna că oamenii din aceste organisme multizoa - descendenții noștri - ar avea probabil orizonturile mult mai extinse decât noi, așa cum noi avem orizontul mult mai extins decât locuitorii Europei din secolul 13, cu o diferență similar de largă în calitatea vieții.

Într-adevăr, ei ar avea la dispoziție inovațiile care organismul nostru multizoa i-a luat mult timp să le dezvolte - cum ar fi moduri de a extrage și a utiliza electricitatea; vapoare, mașini, avioane, computere, internetul - și ei ar putea să construiască pe baza acestor inovații de la începutul lor.

Asta ar include, de exemplu, posibilitatea de a încerca noi modele de organizare care profită de aceste tehnologii fără stigma de a avea nevoie să le demoleze pe cele vechi pentru a face asta, ci pur și simplu prin urmarea cursului natural, jucăuș trasat de ingenuitatea umană de a experimenta, și de a construi în noi moduri.

Recunoașterea faptului că organismul nostru multizoa este primul de felul său și deci probabil primitiv în comparație cu potențialii săi descendenți nutrește un anumit nivel de umilință, dar în același timp indică poziția incredibilă, unică în care se găsește societatea noastră umană, pentru că noi avem posibilitatea să fim începutul unui arbore filogenetic care este cu totul nou în istoria înregistrată a naturii: Un arbore al vieții multizoa care ar putea să transforme natura în univers la fel de mult ca și arborele vieții multicelulare a transformat natura pe Pământ.

Dar pentru a profita de această oportunitate pe care natura ne-o oferă, noi, ca și unitățile de bază a societății umane, ar trebui să dezvoltăm "sistemul de reproducere" al societății umane în timp util - adică, să dezvoltăm sistemele care i-ar da posibilitatea societății umane de a stabili colonii pe alte planete și\sau de a construi nave stelare în timpul vieții sale, o dezvoltate care ar necesita un nivel de cooperare extraordinar între oamenii și rețelele de oameni din toată societatea umană. Un astfel de nivel de cooperare are nevoie de un organism multizoa bine organizat, cu un corp sănătos[52] și o minte sănătoasă[53]. Un organism multizoa care-și ajută unitățile de bază din tot corpul său să înflorească, pentru ca ele să pot aduce contribuții care, referindu-ne la subiectul nostru actual, se vor materializa în final în abilitatea organismului de a se reproduce. Dacă asta pare o viziune utopică, vom vedea în următorul capitol cum corpul uman actual face asta pentru celulele sale tot timpul, cu rezultate incredibile.

Deci, în final, acesta pare să fie examenul pe care natura l-a pus în fața organismului nostru multizoa. Vom putea noi, ca unitățile de bază ale acestui organism, să învățăm să cooperăm în timp util pentru a dezvolta capacitatea organismului de a se reproduce? Este un examen greu, dar beneficiile care vin cu trecerea lui sunt incomensurabile, pentru că dacă vom reuși, vom deveni primul membru al unui arbore filogenetic multizoa care ar putea să se

---

[52] i.e. Adică a cărui oameni sunt sănătoși.
[53] i.e. Adică, elementele ce apar în atenția colectivă a oamenilor care locuiesc în corpul său să fie elemente care favorizează fericirea și bunăstarea lor, atât la nivel individual cât și la nivel colectiv.

extindă în eternitate. (Toate neînțelegerile dintre oameni par să pălească în comparație cu acest scop, nu-i așa?)

Dar aceasta nu este genul de sarcină care să poată fi preluată de câteva minți luminate, ci de o grămadă de minți luminate.[54] Sau spus altfel, nu de o conștiență multizoa abia născută, ci de o conștiență multizoa sănătoasă, matură, care a câștigat ceva experiență legat de cum să gândească soluții la probleme complexe și cum să le implementeze. Și pentru ca o astfel de conștiență multizoa sănătoasă, matură să-și facă apariția, ar trebui să începem cu lucrurile de bază și să stabilim fundamentul peste care poate fi construită.

# VI. Scop Pe Termen Scurt: Oferirea Necondiționată A Necesităților De Bază Oamenilor Din Toată Societatea Umană

Acum, corpul tău are un sistem de distribuție al nutrienților foarte eficient, motiv pentru care nu e nevoie să mănânci tot timpul pentru ca celulele din tot corpul tău să primească glucoza de care au nevoie, sau nu trebuie să respiri ca și cum ai alerga un maraton pentru ca celulele din corpul tău să primească oxigenul de care au nevoie. Acest sistem de distribuție al nutrienților asigură faptul că celulele din tot corpul tău au necesitățile de bază satisfăcute atâta timp cât acești nutrienți există în corp - cu alte cuvinte, atâta timp cât mănânci și respiri cum trebuie. Alături de alți factori, asta dă libertate celulelor tale - inclusiv celulelor tale nervoase - să-și facă

---

[54] Pentru un exemplu al dificultăților întâlnite în prezent în stabilirea de colonii pe alte planete chiar și în sistemul nostru solar, vezi Koki *et. al.* AN INDEPENDENT ASSESSMENT OF THE TECHNICAL FEASIBILITY OF THE MARS ONE MISSION PLAN.

treaba fără să fie nevoie să-și concentreze o mare parte din timp și energie înspre a-și asigura necesitățile de bază individual.

Dar imaginează-ți pentru un moment că sistemul de distribuție al nutrienților din corp nu există, sau că este foarte ineficient. Drept urmare, în loc să crească în condiții de abundență și să aibă timpul și resursele necesare să contribuie la conștiența ta, fiecare celulă din sistemul tău nervos ar trebui să se concentreze înspre asigurarea necesităților sale de bază din mediul său pentru a supraviețui. Am zis mai devreme că celulele din sistemul tău nervos sintetizează elementele (e.g. ideile, sentimentele, senzațiile) care pot deveni parte din conștiența ta. Dar pentru ca ele chiar să se ocupe de sintetizarea acestor elemente, sau pentru a-și întoarce atenția înspre cele mai demne elemente care le sunt făcute valabile de către celulele sale vecine, aceste celule ar trebui să fie specializate în domeniile ce sunt legate de asemenea activități.

Pentru o analogie cu societatea umană, există o diferență substanțială între o idee și un sentiment, la fel ca și diferența dintre o carte și un film. Și pentru ca un om sau un grup de oameni să facă un film de bună calitate, acel om sau oamenii din grup trebuie să dețină anumite informații, anumite abilități care diferă de cele care sunt necesare pentru a scrie o carte de bună calitate de exemplu - abilități care se dezvoltă în timp, prin practică. Același lucru se aplică și celulelor nervoase: Ele au nevoie de timp și practică pentru a-și dezvolta abilitățile care duc la sintetizarea paletei largi de elemente care apar în conștiența omului. Și unul din factorii care joacă un rol important în valabilitatea timpului necesar pentru a urma aceste specializări este faptul că aceste celule își au necesitățile de bază satisfăcute prin eficientul sistem de distribuție al nutrienților menționat. Sau dacă e să o punem în termeni umani, celulele umane nu trebuie să-și „facă griji" de unde își vor câștiga "pâinea" mâine, așa că sunt liberate de la a avea nevoie să dobândească specializări care sunt legate de aceste griji, și au libertatea să urmeze specializări ca acelea de celule nervoase care le permite să facă chestii gen să se gândească în mod colectiv la organismul din care ele fac parte ca și un tot unitar.

Deci, dacă ele ar trebui să-și asigure necesitățile de bază individual, celulele stem care devin celule nervoase ar fi căutat să urmeze alte specializări, și s-ar fi angajat în alte activități care nu au mare lucru de-a face cu sintetizarea gândurilor, pentru că ar fi pierit altfel. Și fără celule care să se angajeze în asemenea activități, capacitatea ta cognitivă ar fi nulă, ar dispărea, conștiența corpului tău ar înceta să existe. In cazul fericit în care câteva celule împrăștiate în corp tot ar mai putea să sintetizeze elementele în cauză, gândurile tale ar fi ca și niște puncte de lumină sporadice emise de o mică populație de licurici intr-o pădure imensă. Cu alte cuvinte, ai avea un gând odată la ceva timp, și un gând cu adevărat interesant probabil mai rar de atât.

Acum întreabă-te: În această situație, la ce ai considera că ar trebui să se refere aceste gânduri sporadice care apar în conștiența ta? Păi având în vedere faptul că în teoria cunoașterii-împreună a conștienței, gândurile tale sunt elementele asupra cărora celulele tale\rețelele tale de celule se concentrează în mod colectiv, probabil că ai considera "gândurile valoroase" acelea care caută să găsească un mod de a asigura celulelor și rețelelor de celule din tot corpul tău necesitățile lor de bază într-un mod eficient și sustenabil, pentru ca ele să aibă timpul și resursele necesare să sintetizeze și să ajute să eleveze în atenția lor colectivă elemente care sunt folositoare pentru organismul din care fac parte ca un tot unitar - cu alte cuvinte, pentru ca a ta conștiență să se maturizeze și să devină puternică.

Acum, să juxtapunem această analiză cu situația curentă a societății umane. În prezent, oamenii din societatea umană trebuie să-și asigure necesitățile de bază individual, ceea ce deseori înseamnă că trebuie să urmeze orice specializări care sunt oferite de mediul lor, și în ziua de azi multe dintre aceste specializări necesită mult timp și resurse cognitive și sunt neînrudite cu o perspectivă sinoptică a societății umane. Deci, să ceri oamenilor să se concentreze cât de cât asupra societății umane ca un tot unitar, să contribuie în moduri unice atenției colective a oamenilor, să caute să răspândească elementele care ei consideră că sunt promițătoare în restul societății umane pare nepotrivit pentru o mare populație de oameni care au îngrijorări mai imediate, mai ales atunci când luăm în considerare faptul că mulți oameni nu se au numai pe ei, dar au și o familie de care trebuie să aibă grijă, o familie față de care sunt responsabili cu asigurarea necesităților de bază și posibilității de a prospera.

Această situație își spune cuvântul asupra capacităților cognitive ale societății umane, motiv pentru care această lucrare propune ca prim pas în dezvoltarea abilității societății umane de a se reproduce cel de a combina creativitatea umană, ingeniozitatea umană, ambiția umană pentru a atinge scopul de a asigura necesitățile de bază oamenilor din toată societatea umană necondiționat.

Acestea fiind spuse, a propune acest scop nu înseamnă să căutăm să-l realizăm orișicum, ci să fie o acțiune gândită. Există de exemplu modele de case autonome care pot oferi adăpost, electricitate, apă, canalizare, și chiar mâncare fără să fie nevoie ca ele să fie legate la o rețea centralizată, cu un cost minim atât financiar cât și pentru planetă. Un bun exemplu pentru astfel de case este modelul Earthship dezvoltat de Michael Reynolds și echipa sa. Desigur, aceste tipuri de case sunt încă în stare incipientă de dezvoltare, dar cu cât vor fi construite mai mult, cu atât vor fi îmbunătățite, făcute mai eficient, mai confortabile, etc. Oamenii care le vor construi ar veni cu idei noi, sisteme noi, la fel cum se întâmplă în orice domeniu. Exprimând asta în termenii teoriei cunoașterii-împreună a conștienței, aceste modele de case ar apărea în atenția colectivă a oamenilor - deci societatea umană s-ar gândi la ele, și cu timpul acest proces de gândire le-ar îmbunătăți, la fel cum ideile care-ți apar în conștiență, atunci când le aplici și dup-aia te gândești cât de bun a fost rezultatul, le poți îmbunătăți.

Și dacă aceste tipuri de case ar fi construite la scală largă, oamenii ar avea un fundament....nu ar mai trebui să-și facă griji despre necesitățile lor de bază, ar putea să-și îndrepte atenția înspre alte aspecte ale vieții. Și pe acest fundament am putea construi orice altceva, până la dezvoltarea capacității umane de a se reproduce.

Întâmplător, acest scop este în acord cu codul moral care se naște din juxtapunerea organismelor: Fă pentru vecinul tău ceea ce ai vrea ca fiecare celulă din corpul tău să facă pentru celulele ei vecine. Pentru că dacă în situația în care sistemul de distribuție a nutrienților din corpul tău este în lipsă, tu, ca și conștiența corpului tău, ți-ai dori ca celulele tale și rețelele tale de celule să găsească un mod de a oferi necesitățile de bază surorilor lor într-un mod eficient și sustenabil pentru ca a ta conștiență să înflorească, atunci și noi, ca și unitățile de bază ale societății umane, ar trebui să căutăm să asigurăm necesitățile de bază pentru noi și pentru vecinii noștri într-un mod eficient și sustenabil, pentru ca, conștiența societății umane să poată înflori. Și la fel cum cazul întâi ar fi în cel mai bun interes pentru celulele tale, la fel putem concluzia că ultimul caz ar fi în cel mai bun interes pentru oamenii din toată societatea umană.

# VII. Utilitate: Noi Elemente Care Aduc Beneficii Pentru Toți

Una din preceptele morale pe care le-am menționat mai devreme a fost "Fă pentru atenția colectivă a oamenilor așa cum ai vrea ca celulele din corpul tău să facă pentru conștiența societății tale de celule." Ceea ce înseamnă că dacă vrei ca celulele din corpul tău să sintetizeze și să ajute la elevarea în conștiența ta a elementelor care, într-un cuvânt, ajută să facă lumea *care ești* un loc mai bun pentru cel mai mare număr de celule din corpul tău, atunci la fel ar trebui și tu să cauți să contribui la sintetizarea și la promovarea în atenția colectivă a oamenilor elemente care, într-un cuvânt, ajută să facă organismul *în care ne găsim cu toții* un loc mai bun pentru cel mai mare număr de oameni.

Asta înseamnă că dacă aceste precepte morale sunt adoptate la nivel general, atunci mai multe elemente sintetizate de oameni care au potențialul să facă lumea un loc mai bun pentru cel mai mare număr de persoane vor ajunge în atenția noastră colectivă, adică vor deveni foarte populare. Asta este de dorit pentru că lucrurile care au o foarte mare popularitate în societatea umană sunt finanțate (oculus rift, aparatul ce a făcut furori în industria realității virtuale este un bun exemplu contemporan); lucrurile care au o foarte mare popularitate sunt diseminate (exemplu: distribuția la scală largă a filmelor, cărților, melodiilor, jocurilor video cunoscute); lucrurile care sunt foarte populare sunt adoptate, puse în practică (exemplu: automobilul); lucrurile care au o foarte mare popularitate sunt îmbunătățite (exemplu: design-urile tot mai îmbunătățite ale imprimantelor 3D care caută să le facă mai eficiente, mai simple, mai puțin costisitoare, etc.); lucrurile care devin foarte populare sunt analizate, scrutate (exemplu: cazurile nefericite ale prăbușirilor de avion); lucrurile care ajung foarte populare devin inspirație pentru alte elemente sintetizate de oameni (exemplu: un film popular care a dus la sintetizarea postărilor de blog, documentarelor, artă făcută de fani, serie TV, etc.). Într-un cuvânt, oricare este obiectul de atenție al conștienței societății umane, acel obiect crește. Și dacă societatea umană va căuta în mod conștient să se concentreze asupra elementelor care au potențialul să facă societatea umană un loc mai bun pentru cel mai mare număr de oameni, atunci asta va crește prin atenția noastră colectivă.[55]

Ce ar putea să fie aceste elemente mai exact? Ele pot fi orice de la inovații tehnologice, noi teorii științifice, la alte tipuri de elemente de care nu știm, dar care creativitatea umană le face posibile. Caracteristica principală a acestor elemente este că ele prezintă potențialul de a face lumea un loc mai bun pentru un mare număr de oameni indiferent de clasă socială, rasă, credințe, etc., și că vor atrage atenția colectivă a oamenilor (vor deveni foarte populare) datorită acestui potențial. Răspunsul la această întrebare seamănă un pic cu a te întreba care sunt soluțiile exacte care vor apărea în conștiența ta atunci când vei începe să te concentrezi asupra unei probleme pe care tocmai ai întâlnit-o. Nu știi răspunsul la această întrebare, motiv pentru care te concentrezi asupra găsirii unei soluții. Ceea ce știi în schimb (în mod intuitiv) este faptul că e probabil ca o soluție să-și facă loc în conștiența ta atunci când îți îndrepți atenția asupra problemei.

---

[55] Asta e similar cu modul în care atunci când tu te concentrezi asupra a ceva, acel lucru crește. El crește atât din punct de vedere informațional în mintea ta prin elementele înrudite cu el pe care le sintetizează celulele tale nervoase și care pot să-ți apară în conștiență, cât și biofizic, în sensul că celulele tale și rețelele tale de celule nervoase care au jucat un rol în sintetizarea obiectului tău de atenție au resurse fizice alocare (Pentru o analiză mai detaliată a acestui subiect, vezi Narcis Marincat (2014) In Principio Res, Capitolul IV #5-#9 despre Creștere.)

Ce merită menționat este că zona în care au fost sintetizate elementele care au făcut lumea un loc mai bun în trecut a fost imprevizibilă (e.g. avionul, computerul, telescopul, protocoalele internetului, etc.) Dar ceea ce se cunoaște este că pentru ca acei oameni care au sintetizat aceste elemente să fi făcut asta, ar fi avut nevoie să-și aibă necesitățile de bază satisfăcute, fie pentru că au lucrat în domeniul care era legat de scopurile lor, ori pentru că au fost ajutați de familiile lor, ori pentru că proiectele lor au fost finanțate de alții, etc.

Putem deci să presupunem că și reversul este valid - că acei oameni care nu au avut necesitățile de bază satisfăcute, chiar dacă ar fi avut inspirația potrivită pentru a sintetiza astfel de elemente, nu și-ar fi urmat inspirația din cauza lipsei timpului și a resurselor. Această posibilitate nefericită ar putea fi eliminată pe viitor prin căutarea unui mod de a oferi oamenilor din toată societatea umană necesitățile lor de bază necondiționat într-un mod sustenabil, un scop care a fost menționat în capitolul trecut.

Deci, găsirea și implementarea unui mod de a oferi oamenilor necesitățile lor de bază este în general de dorit nu numai pentru că va ajuta la realizarea scopului pe termen lung de reproducere multizoa și deci va ajuta organismele multizoa să evolueze, dar în același timp pentru că pe termen scurt va nutri sintetizarea și finanțarea elementelor care au potențialul să facă lumea un loc mai bun în moduri noi, imprevizibile pentru toți oamenii, indiferent de avere, statut social, rasă, convingeri, etc. inclusiv pentru oamenii ce trăiesc în societatea umană care unii cred că o duc mai bine tocmai pentru că nu urmează aceste precepte morale.

# VIII. Efectele Preceptelor Morale Menționate În Societatea Contemporană

Care ar fi efectul acestor precepte morale în societatea de astăzi dacă ar fi să fie aplicate? Ar fi câteva, dar vom enumera numai două dintre ele aici:

În primul rând, sunt anumite celule în corpul uman care au mai multă putere și influență decât altele, cum ar fi celulele din pancreas care produc insulină, celulele endocrine din glanda tiroidă, sau celulele care produc dopamină din partea creierului numită substantia nigra. Când aceste celule nu își fac treaba cum ar trebui boli la nivelul întregului corp uman pot apărea, ca și acromegalie, diabet, Parkinson's, etc. Știind asta, fiecare dintre noi ca și conștiența corpului nostru probabil își dorește ca aceste celule să-și îndeplinească sarcinile care sunt legate de specializările lor, pentru ca corpul nostru să fie sănătos și pentru ca conștiența să se poată concentra pe alte lucruri decât a găsi soluții la probleme de sănătate.

În cam același fel sunt anumite persoane în societatea umană care au mai multă putere și influență decât majoritatea oamenilor (indiferent dacă este dobândită prin forțe proprii, moștenită, etc.). Asta include oameni care dețin multă bogăție cât și de asemenea figurile politice și alți oameni cu multă influență. Când ei nu-și folosesc bogăția sau influența cum se cuvine, societatea umană poate trece prin fenomene care pot fi considerate boli multizoa, cum ar fi criza dot com, bula imobiliară, criză economică, etc.

Preceptele morale descrise aici spun că dacă conștiența acestor oameni ar dori ca celulele din corpurile lor individuale care au multă putere și influență să-și folosească poziția pentru beneficiul populației generale de celule învecinate ce formează acel corp, atunci și ei ar trebui să facă la fel în societatea umană - adică ar trebui să-și folosească puterea, influența și/sau avuția pentru beneficiul populației generale de oameni - pentru că cele două precepte sunt echivalente.

În al doilea rând, pe un plan mai simplu, cum ai vrea ca celulele tale să trateze celulele sale vecine? Păi în esență, probabil ai vrea ca celulele să se ajute unele pe altele să fie la eficiența lor optimă. Dacă o celulă este bolnavă sau rănită, ai vrea ca celulele sale vecine să descopere cauza pe cât posibil și să ajute la rezolvarea ei. De ce? Pentru că tu, ca și conștiența societății tale de celule, te naști din interacțiunile ce au loc între celulele din tot copul tău, și dacă ele funcționează la nivelul lor optim, "tu" funcționezi la nivelul tău optim.

Și-atunci, bazându-ne pe preceptele morale conturate, omul ar trebui să caute să, atunci când e posibil, își ajute vecinul să fie la nivelul său optim. Dacă un vecin este bolnav sau rănit, ar trebui să, pe cât e posibil, ajute la vindecarea lui sau a ei. Dacă un om are o problemă, altul ar trebui să ajute la descoperirea cauzei ce stă la baza acelei probleme și să ajute la rezolvarea ei.

În concluzie, aceste precepte morale promovează bunătatea și compasiunea față de oamenii învecinați oricare ar fi poziția noastră în societatea umană.

# IX. Rezumat: Precepte Morale Bazate Pe Cunoștințe Contemporane Despre Lume Care Sunt Logice Și Utile

Deci, prin analizarea relației dintre rolul fiecăruia dintre noi în corpul nostru uman și rolul fiecăruia dintre noi în societatea umană, următoarele precepte morale au ieșit la iveală:

Fă pentru vecinul tău așa cum ai vrea celulele din corpul tău să facă pentru celulele lor vecine.
și
Fă pentru atenția colectivă a oamenilor din societatea umană așa cum ai vrea ca celulele din corpul tău să facă pentru conștienta ta.

Aceste precepte morale nu sunt numai logice (Capitolul I-II), dar și utile.

Utile pe termen scurt, pentru că ele vor duce la sintetizarea și nutrirea elementelor care au potențialul să facă lumea un loc mai bun pentru cel mai mare număr de oameni, indifirent de clasă socială, credință, rasă, etc. (Capitolul VII).

Utile pe termen lung, pentru că prin trasarea firului lor logic până la concluzia lor naturală de a asigura oamenilor din toată societatea umană necesitățile lor de bază (Capitolul VI), va ajuta la stabilirea unui fundament pentru a dezvolta abilitatea societății umane de a se reproduce ca organism multizoa (Capitolul V). Bazându-ne pe juxtapunerea organismelor, reproducerea multizoa va oferi în final pentru generațiile viitoare de oameni o creștere exponențială în posibilități, cunoștințe despre lume și bunăstare, pentru că diferența dintre societatea noastră și societățile în care ei vor trăi va fi cam ca și diferența dintre prime generații de organisme multicelulare primitivele care au apărut în natură și cele de după ele.

Din punct de vedere individual, preceptele morale conturate promovează bunătate, încurajând omul ca, pe cât posibil, să-și ajute semenii să înflorească indiferent de rolul lor în societatea umană, la fel cum fiecare vrea ca celulele din corpul său să-și ajute celulele vecine să înflorească (Capitolul VIII).

# ESTE SOCIETATEA UMANĂ UN ORGANISM MULTIZOA?

Ce este societatea umană în ierarhia biologică a naturii? Această lucrare propune teoria că societatea umană este un organism multizoa - adică, un organism compus din mai multe animale - la fel cum organismele multicelulare sunt organisme compuse din mai multe celule. Vor fi oferite dovezi pentru această teorie de-al lungul lucrării, contraargumente vor fi adresate, și apoi va fi conturată pe scurt utilitatea teoriei.

## I. Introducere

Pentru a dobândi o perspectivă obiectivă a societății umane, să introducem un experiment de gândire:

Imaginați-vă că un grup de extratereștrii sunt într-o călătorie de explorare printre galaxii, când, apropiindu-se de sistemul nostru solar, naveta lor stelară detectează o fluorescență ciudată care e emanată de pe suprafața planetei noastre, așa că ei decid sa arunce o privire mai de aproape și să investigheze acest fenomen. Acum, aceștia nu sunt extratereștrii normali - sunt extrem de mari. De fapt, sunt atât de mari încât fiecare din ei este comparabil în mărime cu planeta noastră. Nu numai asta, dar imaginați-vă că odată cu această diferență în mărime există și o diferență în viteză, astfel că un an din perspectiva noastră umană este pentru ei echivalentul ca durată de timp a unei zile. În final, acești extratereștrii ajung în vecinătatea Pământului, își iau instrumentele lor endoscopice, pătrund cu ele prin atmosfera înnorată a Pământului, și ce văd? Păi, ei descoperă că un organism crește pe suprafața acestei planete, și că în loc să fie "fluorescență", ceea ce a detectat nava lor stelară este de fapt un tip de bioluminescență emanată de acest organism. Este vorba, desigur, de societatea umană. Aici este important de notat că acești extratereștrii ar fi complet diferiți în natură de noi, și că aceasta e prima oară când descoperă un astfel de organism în toată istoria lor de explorări spațiale.

Acum, puneți-vă în locul extratereștrilor: Cum ar vedea ei societatea umană? Păi, ei ar vedea-o ca un tot unitar, ca un fel de mucegai, o ciupercă întinsă de-al lungul suprafeței Pământului. Chiar dacă s-ar uita la societatea umană, ei nu ar putea să vadă oamenii individuali pentru că pentru ei, oamenii sunt de o mărime microscopică. În același timp, deși din perspectiva noastră umană obișnuim să ne gândim la societatea umană ca la ceva separat de natură, considerând de exemplu clădirile construite de oameni sau vehicule ca lucruri "artificiale", extratereștrii nu ar vedea nicio diferență între ceva făcut de oameni, și ceva natural - din perspectiva lor obiectivă, totul ar fi natură, de la pădurea amazoniană la o metropolă umană în plină mișcare.

Bun, deci ei nu ar putea să vadă oamenii individual din cauza diferenței în mărime, dar să zicem că acești extratereștrii sunt forme de viață orientate științific, și deci ce fac ei după asta este să folosească microscoapele lor extraterestre cu scopul de a analiza intr-un mod neinvaziv structura microscopică a acestui organism ce crește pe suprafața planetei, și ce descoperă este că organismul în cauză are o entitate fundamentală din punct de vedere structural și funcțional - omul. Acest organism este compus din oameni, care sunt responsabili de tot de la funcția metabolică a acestui organism (energia consumată), la creșterea sa (adică, atunci când oamenii cresc in număr, mărimea acestui organism crește.). Cu alte cuvinte, organismul ce creşte pe suprafaţa Pământului este compus din oameni. Această perspectivă nu este foarte diferită de perspectiva oamenilor în relaţie cu cei din jurul lor. Când un om se uită la o altă persoană, acel om percepe persoana pe care o priveşte ca un întreg, o entitate unificată, deşi noi ştim că corpul uman este de fapt compus din nenumărate celule care acţionează în cooperare unele cu celelalte pentru a mişca corpul, pentru a genera gânduri ş.a.m.d.

În acelaşi timp însă, extratereştrii de ştiinţă ar avea o părere foarte simplistă despre oameni, bazată pe informaţiile limitate pe care instrumentele lor ştiinţifice le-ar putea înregistra din activitatea umană. De exemplu, vocalizarea umană este o formă de comunicare unică nivelului nostru de magnitude - imaginaţi-vă ce ciudat ar părea pentru extratereştrii de ştiinţă faptul că noi putem comunica unii cu ceilalţi prin transmiterea valurilor de aer de diferite frecvenţe între noi. În spaţiu nu este aer, deci pentru ei acesta ar fi un fenomen cu totul nou. Asta înseamnă că e foarte probabil ca instrumentele lor de ştiinţă să nu fie echipate cu un microfon care ar putea capta aceste "valuri de aer", pentru că ei nu ar avea conceptul unui microfon - dar chiar daca ar fi echipaţi cu unul, din cauza diferenţei in mărime si viteză dintre noi şi ei, comunicarea verbală umană s-ar petrece la o viteză mult prea rapidă pentru a fi înţeleasă de către extratereştrii. De exemplu, un întreg monolog uman ar dispărea pentru ei intr-o fracţiune de secundă, şi deci l-ar interpreta ca un bip...un impuls, şi nu l-ar vedea ca şi discursul complex care este. Nu, ce ar putea ei să facă este să formuleze teorii legate de oameni bazate pe imaginea in ansamblu: De exemplu, ar putea să ajungă la concluzia că după naştere, un om asimilează activităţile generale ale oamenilor din jurul său, pentru că microscoapele lor le-ar permite cel puţin să vadă ca dacă un om se naște intr-o zonă a societății umane in care majoritatea oamenilor conduc mașini, e mare probabilitatea că și acel om va ajunge să conducă o mașină. Sau dacă un om s-a născut intr-o zonă a societății umane in care majoritatea oamenilor procură mâncare din ceea ce par a fi niște centre mari centre de nutriție - supermarketuri - e mare probabilitatea că și acel om va face la fel.

Deci, pe scurt, din cauza diferenței in mărime si viteză dintre noi și ei, și in același timp din cauza limitațiilor pe care le au instrumentele lor științifice, extratereștrii de știință ar avea o părere foarte simplistă despre oameni, și pentru ei ar fi natural să privească societatea umană ca și un tot unitar și să interpreteze orice eveniment legat de societatea umană pornind din această perspectivă, la fel cum este natural pentru oameni să privească corpul uman ca un tot unitar și să interpreteze lucrurile pornind din această perspectivă.

Bun, putem cădea de acord că atunci când societatea umană este văzută din perspectiva extratereștrilor de știință, este perceput în mod intuitiv ca un organism. Dar este un organism multicelular? Nu, un organism multicelular este prin definiție unul a cărui unități fundamentale din punct de vedere structural și funcțional sunt celulele. Atunci ce fel de organism este societatea umană? Păi dacă un organism *multicelular* este un organism a cărui unități fundamentale din punct de vedere structural și funcțional sunt celulele, atunci să definim organismele a căror unități fundamentale din punct de vedere structural și funcțional sunt organismele multicelulare ca fiind organisme multi*zoa*.[56]

---

[56] Zoia este termenul grec pentru "animale".

# II. Contraargument: Acțiunile Unui Organism

Poate fi argumentat că este discutabil dacă societatea umană chiar este un organism, pentru că un adevărat organism nu arată numai ca o singură entitate, dar este în același timp capabil să acționeze ca o singură entitate.

Pentru a adresa acest argument, imaginați-vă că un extraterestru de știință mai aventurier din grup plănuiește un experiment în care urmează să trimită înspre Pământ un proiectil ce seamănă cu un asteroid, ca apoi să stea deoparte și să înregistreze rezultatele. Raționamentul acestui extraterestru rebel este că planetele sunt bombardate cu meteoriți și asteroizi mai tot timpul, și că e foarte improbabil ca acest organism pe care îl au în fața lor să fi crescut până la nivelul la care este fără să aibă un soi de mecanism de apărare împotriva acestor amenințări de zi cu zi. Deci, el conclude că a trimite un proiectil care imită astfel de obiecte din spațiu înspre Pământ nu numai că nu ar prezenta un pericol pentru organismul care crește pe suprafața acestei planete, ci dimpotrivă, ar oferi extratereștrilor de știință șansa de a înțelege acest organism mai bine.

Să zicem deci că extratereștrii de știință lansează proiectilul de la o distanță care-i dă aproximativ un an uman pentru a ajunge la Pământ - ceea ce înseamnă cam o zi pentru ei - pentru a fi siguri că simulează un eveniment natural, și că astronomii noștri descoperă asteroidul iminent nu mult timp după ce e lansat. Asta i-ar da societății umane ceva timp să formeze o strategie defensivă. În final, o rachetă este trimisă de pe suprafața Pământului care își urmează traiectoria, intră în coliziune cu asteroidul și-l distruge. Din perspectiva noastră, am ști că a fost nevoie de o nivel mare de cooperare umană pentru a produce acest succes - de la astronomii care au observat primii asteroidul iminent, la inginerii care au proiectat racheta, la persoana care a apăsat în final butonul care a trimis racheta înspre destinație. Dar din perspectiva extratereștrilor de știință, pentru care oamenii sunt de o mărime microscopică și se mișcă foarte rapid, trimiterea rachetei ar fi văzută ca acțiunea societății umane, și nu ca acțiunile cumulative ale atâtor oameni din toată societatea umană - ar fi natural pentru ei să interpreteze lucrurile astfel, la fel cum e natural pentru o persoană să interpreteze mișcările altui om ca acțiunile acelui om, și nu acțiunile cumulative al unui mare număr de celule din corpul acelui om.

Bun, acum să ducem acest experiment un pas mai departe. Să considerăm că extratereștrii de știință ar fi atât de satisfăcuți cu reacția societății umane, și ar prinde atât de multă încredere în sistemele ei defensive încât ar cădea de acord să trimită un șir de asteroizi înspre Pământ - unul pe zi consecutiv din perspectiva lor, deci unul pe an consecutiv din perspectiva noastră - pentru a vedea ce se întâmplă. Care ar fi rezultatul? Păi dacă de dragul simplității considerăm faptul că status quo-ul e ținut, în timp ce al doilea asteroid se apropie de Pământ, oamenii care s-ar fi ocupat de primul răspuns defensiv ar fi în stare să îndeplinească mai repede rolul pe care și l-au asumat pentru că l-ar fi practicat înainte - de la astronomii care ar pe cine să sune, la inginerii care ar avea proiectele pentru rachete, la oamenii care s-au ocupat de partea logistică a operației. Deci, din perspectiva extratereștrilor toate acestea se vor traduce intr-un răspuns defensiv mai rapid, poate și mai eficient din partea societății oamenii - o indicație clară a faptului că acest organism se poate adapta mediului său, poate învăța.

# III. Contraargument: Arborele Evoluționar Al Unui Organism

Se poate argumenta că conceptul de organisme multizoa nu este unul valid, nu în aceeași măsură cu conceptul organismelor multicelulare, pentru că organismele multicelulare, care sunt numeroase și variate, pot fi clasificate în grupări taxonomice ca și specii, genuri - cu alte cuvinte, ele formează un arbore evoluționar al vieții - în timp ce societatea umană este singurul organism multizoa de care știm.

Pentru a adresa acest argument, imaginați-vă că după ce au efectuat un număr de experimente științifice pe societatea noastră umană, extratereștrii de știință au părăsit în final această zonă galactică satisfăcuți cu datele pe care le-au adunat. Specia lor nu s-a mai întors în colțul nostru de univers timp de câteva miliarde de ani, la sfârșitul cărora și-au adus aminte de societatea umană și au decis să vadă ce s-a schimbat de când neamul lor s-a aventurat pentru prima oară prin aceste părți. Dar când s-au întors, ce au descoperit i-au luat prin surprindere:

De mult trecuta primă expediție care a fost întreprinsă de strămoșii lor acum mulți ani (miliarde de ani din perspectiva oamenilor) a documentat existența unui singur organism multizoa, societatea noastră umană. Dar acum, la întoarcere, ei sunt surprinși să vadă un număr mare și o varietate largă de organisme multizoa, cu diferențe de structură și de comportament remarcabile. Unele din aceste organisme multizoa sunt într-adevăr înrădăcinate pe suprafața planetelor și seamănă oarecum în descriere cu societatea noastră umană, în timp ce altele au organisme agile, mobile și efectuează activități complexe - ceea ce noi am considera navete stelare construite de oameni. De asemenea, cu ajutorul instrumentelor lor științifice, extratereștrii descoperă și organisme multizoa atât staționare cât și mobile care trăiesc sub apă pe diferite planete. Cu alte cuvinte, spre deosebire de prima expediție, ceea ce extratereștrii găsesc acum este o panoplie variată de viață multizoa, cu organisme multizoa de diferite forme și mărimi adaptate la diferite medii.

Acum, e foarte probabil ca ei să se întrebe cum a crescut numărul de organisme multizoa așa de mult: Dacă organismele multizoa apar prin auto-generație spontană, sau dacă se nasc prin procesul de reproducție din alte organisme multizoa; În același timp, s-ar putea să se întrebe ce mecanisme se găsesc în spatele capacității organismelor multizoa să se diversifice în diferite specii, să dobândească noi trăsături biologice. Și dacă ar fi să întreprindă investigații științifice amănunțite, ar descoperi că toate organismele multizoa se formează prin reproducție din alte organisme multizoa (Adică, o colonie umană nu se formează din nimic. Ea poate fi stabilită doar de o altă colonie umană sau navetă stelară); Ar găsi de asemenea organisme multizoa fosilizate împrăștiate probabil în unele părți ale zonei galactice locuite de organisme multizoa; Ar descoperi că organismele multizoa fosilizate și cele în viață cad într-o ordine naturală bazată pe trăsăturile pe care le împărtășesc, care i-ar ajuta să formuleze conceptul unui arbore al vieții (arbore filogenetic) multizoa. Toate acestea i-ar îndruma înspre teoria că organismele multizoa au evoluat cu timpul, de-al lungul generațiilor după generații de organisme multizoa, și că e probabil că la baza acestui arbore al vieții multizoa ar fi un prim organism multizoa care a apărut în natură, de la care au plecat toate celelalte organisme multizoa; Un organism care s-a format prin auto-organizate, primul de felul său, foarte probabil un eveniment care se întâmplă foarte rar în natură.

Ceea ce probabil că nu ar știi este că acest prim organism multizoa care a apărut în natură va fi fost societatea noastră umană.

Aceasta este de fapt prima concluzie remarcabilă care își face loc atunci când ne uităm la societatea umană ca organism multizoa: Societatea noastră umană este un organism care s-a format prin auto-organizare, primul de felul său. Ea nu are niciun părinte. Această caracteristică se găsește în contrast cu oricare organism multizoa similar cu societatea umană care ar apărea în viitor, pentru că oricare astfel de organism multizoa și-ar trasa genealogia până la societatea umană. De exemplu, dacă ar fi să dezvoltăm capacitatea călătoriei interstelare, coloniile pe care le-am stabili pe alte planete, coloniile pe care ei le-ar stabili și-așa mai departe s-ar forma din perspectiva extratereștrilor de știință printr-un proces care poate fi numit reproducție multizoa. Și relația dintre societatea umană și oricare organism multizoa care s-ar descende din ea ar fi asemănătoare cu relația dintre prima celulă care a apărut în natură (numită de oamenii de știință ca protocelulă) și toate celelalte celule care se trag din ea prin reproducție; Sau relația dintre primul organism multicelular, și toate celelalte organisme multicelulare care sunt descendentele ei.

Deci motivul pentru care, spre deosebire de organismele multicelulare, în momentul de față există numai un organism multizoa, motivul pentru care nu există specii multizoa este pentru că societatea umană este un protoorganism, la același nivel cu protocelula și protoorganismul multicelular din această perspectivă. Și dacă societatea umană ar fi să-și dezvolte capacitatea de a se reproduce - adică dacă ar fi să-și dezvolte capacitatea de a stabili colonii pe alte planete și\sau de a construi nave stelare - asta s-ar schimba după nu mult timp.

# IV. Alte Dovezi: Gândurile Unui Organism

Există și alte dovezi în favoarea teoriei că societatea umană este un organism? Una din caracteristicile organismelor mai evoluate este conștiența de sine. Desigur, asta necesită gândire, lucru care la prima vedere ar putea să pară inaplicabil pentru societatea umană. Dar teoria cunoașterii-împreună a conștienței definește conștiența unui organism ca fiind compus din elementele bazate pe informație pe care unitățile fundamentale din punct de vedere structural și funcțional ale organismului le sintetizează (le crează) și care devin foarte populare în acel organism. [57] Deci conștiența unui om este compusă din gândurile, sentimentele, senzațiile, imaginile mentale pe care celulele sale le sintetizează și pe care ele se concentrează în mod colectiv, i.e. care devin foarte populare în sistemul nervos al acelui om; În același fel, conștiența societății umane poate fi înțeleasă ca fiind compusă din cărțile, filmele, melodiile, articolele de știri, etc. care devin foarte populare în societatea umană, i.e. care atrag atenția colectivă a oamenilor. Această teorie a conștienței nu discriminează între organismele multicelulare și organismele multizoa.

În această teorie a conștienței, un rol important în conștiența de sine a unui om joacă elementele sintetizate de celulele și rețelele de celule nervoase ale acelui om care se referă la persoana sa folosind pronumele personal la persoana I: Eu, al meu, a mea, care dau această senzație. Deci, atunci când o persoană spune "Eu mă duc la

---

[57] Vezi Narcis Marincat (2015) POT GÂNDURILE CONȘTIENTE SĂ FIE CONSIDERATE "OPERE DE ARTĂ" CREATE DE CELULE, LA FEL CUM FILMELE, CĂRȚILE, JOCURILE VIDEO SUNT OPERE DE ARTĂ CREATE DE OAMENI? pentru o analiză amănunțită a subiectului.

mașină", celulele nervoase din corpul acelui om sintetizează elemente care se referă la întreaga populație de 50 de trilioane de celulele care formează acel corp ca la o singură entitate.

În contrast cu asta, elementele sintetizate de oameni (cărți, filme, melodii, etc.) care devin foarte populare, atunci când se referă la societatea umană, o fac folosind apelative la persoana a IIIa, singular și plural (e.g. societatea umană, oamenii din toată lumea), sau poate cu persoana I plural (noi toți membrii societății). Dar imaginați-vă ce s-ar întâmpla dacă oamenii de peste tot ar cădea de acord să se refere la societatea umană folosind un pronume personal la persoana I care se poate referi numai la societatea umană.

Să numim acest pronume personal -Eu-. Deci, de exemplu, în loc de a se spune "aceasta este societatea umană", să se zică "-Eu- sunt societatea umană". -Eu- sunt societatea umană, ființa a cărei unități fundamentale din punct de vedere structural și funcțional sunt oamenii ce trăiesc pe Pământ, la fel cum tu ești un om, o ființă a cărei unități fundamentale din punct de vedere structural și funcțional sunt celulele din corpul tău. -Eu- sunt societatea umană ca un tot, la fel cum tu ești corpul tău ca un tot.[58]

Acum, se poate argumenta că acest concept nu ar fi de prea mare folos, pentru că toată lumea ar putea să-l folosească pentru a vorbi în numele societății umane ca un tot (ceea ce include scrierea cărților\producerea filmelor\cântatul melodiilor care se referă la societatea umană în acest mod, la persona I), și deci este probabil ca un număr de idei ce sunt în contradictoriu unele cu celelalte, multe dintre ele în dezacord cu ce oamenii ca populație generală

---

[58] Notația conceptului se efectuează în felul următor: Pronumele personal la persoana I este acompaniat de o cratimă la fiecare din marginile sale, și prima litere ale pronumelui este literă mare. Deci, pronumele care reprezintă societatea umană sunt "-Eu-", "-Meu-", "-Mea-", etc.

cred cu adevărat, vor fi formulate folosind acest concept.

Dar în teoria cunoașterii-împreună a conștienței, numai elementele sintetizate de oameni (e.g. cărți, filme, melodii, postări de blog, etc.) pe care noi le face foarte populare prin ceea ce noi, populația generală, decidem să citim\vizionăm\ascultăm și să împărtășim cu alții ar fi considerate "gândurile conștiente" ale societății umane - cu alte cuvinte, numai acele elemente care se referă la societatea umană ca -Eu- pe care oamenii din toată societatea umană le asimilează și le pasează prin mediul lor social apar în conștiența societății umane, indiferent dacă ele sunt în esență cărți, filme, documentare, articole, lucrări, melodii, etc. Toate celelalte elemente de acest fel care nu au calitățile necesare să atragă atenția colectivă a oamenilor ar rămâne parte din subconștientul societății umane (de exemplu un documentar care nu a fost atât de bun, si drept urmare nici atât de cunoscut) - deci în realitate ar fi un filtru care selectează care din elementele ce se referă la -Mine- ar apărea în conștiența -Mea-.

În acest caz, prin conceptul de "-Eu-", atenția colectivă a oamenilor ar avea o viață separată, o identitate separată de oamenii individuali care contribuie la și a căror atenție însumează acea atenție colectivă. Asta nu e diferit de modul în care eu, conștiența mea este independentă de unitățile de bază ale corpului meu, adică de celulele individuale care formează sistemul meu nervos, deși e clar că aceste celule dau naștere conștienței mele și sentimentului meu de sine.

Deci, dacă acest limbaj ar fi adoptat, conceptul de -Eu- ar da societății umane o identitate de sine care este independentă de oamenii individuali. Care ar fi rezultatul? S-ar dezvolta oare un monolog multizoa interior în societatea umană care ar căuta să-și mențină consistența? Oare anumite elemente sintetizate de oameni care se referă la -Mine- -Mi--ar rămâne în subconștient\ar fi filtrate din conștientul -Meu- pentru că ele nu sunt în armonie cu acel monolog interior într-un anumit punct al timpului? Vom lăsa deschise aceste întrebări pentru viitoarele generații de oameni și de organisme multizoa.

Ce este clar în schimb pe baza acestui capitol este că cu ajutorul unei mici înțelegeri între oameni, societatea umană poate să dobândească prin atenția colectivă a oamenilor o identitate de sine, încă o sursă de dovezi care validează poziția societății umane ca și organism.

# V. Concluzie

Ca rezumat, ceea ce arată această lucrare este că societatea umană poate fi considerată un organism multizoa, adică un organism a cărui unități fundamentale sunt animale, în special oamenii. Dovezile vin din diverse domenii, inclusiv experimentul de gândire cu extratereștrii de știință (capitolul I & II); conceptul de evoluție multizoa (capitolul III); și studiul conștienței (capitolul IV).

Dar este util în vreun mod să privim societatea umană ca un organism? Da, se poate trage concluzia că această perspectivă este folositoare pentru societatea umană ca un tot în cam același fel în care este utilă perspectiva conștientă a unui om despre sine ca o singură entitate - în cazul al doilea, dă posibilitatea acelui om să considere de ce este el capabil ca un organism; îi permite să-și considere poziția în relație cu mediul său înconjurător; îi permite să-și evalueze relația cu alte persoane. Și la fel se aplică și societății umane. Să -Mă- văd ca un organism -Îmi- oferă posibilitatea să iau în considerare capabilitățile -Mele- atunci când oamenii de-al lungul societății umane, adică a corpului -Meu-, lucrează împreună pentru scopuri comune. Oferă posibilitatea să--Mi- văd poziția în univers în contextul dezvoltării biologice. -Mă- ajută să iau în considerare relația -Mea- cu oricare organism multizoa pe care poate -Îl- voi cunoaște, sau care se va naște prin reproducere din -Mine-, societatea umană.

# Conținut

Introducere ............................................................................... 1

Partea Întâi: Explicația .............................................................. 3

    Capitolul I. Celulele ............................................................ 3

    Capitolul II. Conștiența ....................................................... 8

    Capitolul III. Moralitatea .................................................. 15

    Capitolul IV. Evoluția ....................................................... 20

    Capitolul V. Utilitatea Preceptelor Morale ..................... 27

    Capitolul VI. Contraargumente ....................................... 37

    Capitolul VII. Concluzii .................................................... 44

Partea a doua: Lucrări ............................................................ 48

    Nota Autorului ................................................................. 48

**POT GÂNDURILE CONȘTIENTE SĂ FIE CONSIDERATE "OPERE DE ARTĂ" CREATE DE CELULE, LA FEL CUM FILMELE, CĂRȚILE, JOCURILE VIDEO SUNT OPERE DE ARTĂ CREATE DE OAMENI?** . 50

    I. Introducere ................................................................... 51

    II. Efectul Atenției Colective ............................................ 53

    III. Trecerea Timpului ...................................................... 56

    IV. Experiment De Gândire: Extratereștrii De Știință .............. 57

    V. Potența Analogiei ........................................................ 60

    VI. Aberația Homunculului ............................................. 61

    VII. Adresarea Diferențelor Fundamentale Dintre Gândurile Conștiente Umane Și Elementele Sintetizate de Oameni ....... 64

    VIII. Concluzie: Cum Sunt Explicate Procesele Conștiente Ce Au Loc În Timp Real ....................................................... 68

    IX. Concluzie: Trasarea Legăturii Dintre Activitatea Celulară Și Conștiență ........................................................................ 69

**POT NOILE TRĂSĂTURI BIOLOGICE ALE ORGANISMELOR MULTICELULARE SĂ FIE CONSIDERATE INVENȚII CELULARE, LA FEL CUM MOTORUL CU ABURI, MAȘINA, OBSERVATOARUL ASTRONOMIC SUNT INVENȚII CREATE DE OAMENI?** ............... 71

   Prefață ................................................................................. 72

   I. Introducere ..................................................................... 79

   II. Speculații, Adunarea Dovezilor Și Teoria Finală ............... 81

   III. Evoluția Prin Selecția Naturală A Organismelor Multizoa Care Au Suferit Mutații Aleatorii ........................................... 85

   IV. Juxtapunerea Teoriilor ................................................. 86

   V. Contraargumente: Imprevizibilul Rezultat Al Reproducției Sexuale ................................................................................. 93

   VI. Explicația Exploziei Cambriene ..................................... 97

   VII. Concluzie - Evoluția Organismelor Prin Selecția Naturală A Indivizilor Care Au Suferit Mutații Teleologice Favorabile .... 100

**O NOUĂ ABORDARE A MORALITĂȚII: FĂ PENTRU VECINUL TĂU CEEA CE AI VREA CA CELULELE DIN CORPUL TĂU SĂ FACĂ PENTRU CELULELE LOR VECINE** ............................................ 103

   Prefață ............................................................................... 104

   I. Introducere ................................................................... 110

   II. Contraargument: Validitatea Dorințelor Conștiente ........ 115

   III. Utilitatea Preceptelor Morale Menționate .................... 116

   IV. Utilitate: Experimentul De Gândire Al Regilor ............... 118

   V. Utilitate: Reproducere Multizoa ................................... 120

   VI. Scop Pe Termen Scurt: Oferirea Necondiționată A Necesităților De Bază Oamenilor Din Toată Societatea Umană ............................................................................................. 123

   VII. Utilitate: Noi Elemente Care Aduc Beneficii Pentru Toți. 128

   VIII. Efectele Preceptelor Morale Menționate În Societatea Contemporană ..................................................................... 131

IX. Rezumat: Precepte Morale Bazate Pe Cunoștințe
Contemporane Despre Lume Care Sunt Logice Și Utile ......... 133
**ESTE SOCIETATEA UMANĂ UN ORGANISM MULTIZOA?** ......... 135
    I. Introducere ....................................................................... 135
    II. Contraargument: Acțiunile Unui Organism ...................... 139
    III. Contraargument: Arborele Evoluționar Al Unui Organism
    ............................................................................................. 141
    IV. Alte Dovezi: Gândurile Unui Organism .......................... 144
    V. Concluzie ......................................................................... 147

www.ingramcontent.com/pod-product-compliance
Lightning Source LLC
Chambersburg PA
CBHW071509040426
42444CB00008B/1558